Hunde artgerecht erziehen

Von Christine Gebhard

Freizeit & Hobby

humboldt-Taschenbuch 1085

Die Autorin:
Christine Gebhard arbeitete mehrere Jahre in einer Hundepension und bei
einem Hundezüchter. Mit ihrem eigenen Hund war sie aktives Mitglied
einer Rettungshundestaffel.

Ich danke meinen Eltern und Elke Klein für die Unterstützung.

Christine Gebhard

Hinweis für den Leser:
Alle Angaben wurden von der Autorin und dem Verlag sorgfältig geprüft;
dennoch kann keine Gewährleistung übernommen werden.

Umwelthinweis: gedruckt auf chlorfrei gebleichtem Papier

Umschlaggestaltung: Wolf Brannasky, München
Umschlagfoto vorn: Tony Stone Bilderwelten
Umschlagfoto hinten: Fotostudio Peter Bornemann, München
Fotos im Innenteil: Christine Gebhard, München
Strichzeichnungen: Wolfram Beuttler, München

© 1996 by Humboldt-Taschenbuchverlag Jacobi KG, München
Druck: Presse-Druck Augsburg
Printed in Germany
ISBN 3-581-67085-2

1 2 * 97 96

Inhalt

Vorwort

Sind Sie schockiert über das armselige Leben eines Kettenhundes? Schalten Sie den Fernseher aus, wenn ein Auslandsbericht streunende, abgemagerte Hunde zeigt? Sind Sie betroffen, wenn Sie in die Augen abgeschobener Vierbeiner in den Tierheimen blicken? Vielleicht fragen Sie sich auch manchmal, wie man selbst, ganz persönlich, diesen Tieren helfen könnte. Spenden? Hunde zu uns nach Deutschland holen? Sicher, all dies können wir tun. Und wir können noch mehr: Aktiven Tierschutz betreiben, indem wir bei unseren eigenen Hunden beginnen.

Ja, wir lieben sie – unsere Hunde. Wir lieben sie so sehr, daß wir sie überfüttern, ihnen bei Regen ein Mäntelchen anziehen, sie aus Angst vor Gefahr von ihren Artgenossen isolieren und uns mit all unserer Menschlichkeit und Fürsorge erfolgreich dagegen wehren, sie als Hunde zu behandeln.

Wir nehmen uns die Freiheit, ihnen Stachelhalsbänder anzulegen, sie den ganzen Tag allein in der Wohnung zu lassen, sie herumzukommandieren. Wir fordern von unseren Hunden, sich uns anzupassen. Aber wie wenig geben wir ihnen das, was sie brauchen?

Es ist Zeit, von unserem Podest herabzusteigen, um eine gemeinsame Basis für ein Umdenken zu finden. Vergessen wir Würge- und Stachelhalsband ebenso wie Regenmäntelchen. All das werden wir nicht brauchen. Was wir brauchen, ist Wissen und Verständnis für ein Lebewesen mit der Fähigkeit, Freude, Leid und Schmerz zu empfinden.

Der Hund ist weder unser Sklave und Sündenbock, noch kann er uns etwas ersetzen, was wir in der menschlichen Welt nicht finden wollen oder können. Er wird unsere Worte niemals verstehen, so sehr wir das auch wünschen. Er kann Begleiter unserer Wege sein, dem Einsamen ein Gefühl der Gesellschaft geben,

Wärme und Liebe schenken. Seine Lebendigkeit, seine Begeisterungsfähigkeit können uns viel Freude und glückliche Stunden geben: Das Gefühl von ein wenig Frieden in einer von Kriegen beherrschten Welt, ein wenig Ruhe in all dem Lärm und ein wenig Zeit, stehenzubleiben, um das Schöne zu sehen.

Aber: Ein Hund ist kein Mensch, kann uns diesen auch nie ersetzen. Vielmehr ist er »nur« ein Hund – und das sollte er immer bleiben dürfen.

Wir bitten Sie, diese Grundgedanken immer zu berücksichtigen, wenn es um die ganz konkrete, artgerechte Hundeerziehung geht.

Autorin und Verlag

Überlegungen vor dem Kauf

Was erwartet künftige Hundebesitzer?

Erziehung bedeutet, einen Hund in eine ihm fremde, menschliche Welt hineinzuführen, damit er in ihr leben kann und der Mensch mit ihm. Es gibt hierfür keine Normen. Jeder Mensch ist ein Individuum, hat andere Vorstellungen, Bedürfnisse. Es gibt keine Standarderziehung, weil Hundebesitzer keine Programmierer und Hunde keine Computer sind.

Bevor Sie also Ihren neuen Freund zu sich holen, überlegen Sie bitte, womit er zurechtkommen muß, was Sie ihm geben können. Viele Fehlentscheidungen könnten vermieden werden, wenn man sich vor der Entscheidung Gedanken machen würde. Aus einer spontanen Idee heraus wird der putzige Welpe aufgenommen, oft fehlt es leider sogar am einfachsten Grundwissen. Unwissend wird »erzogen«, immer wieder werden die gleichen Fehler gemacht – bis man nicht mehr zurechtkommt und enttäuscht ist, daß aus dem Welpen ein ganz anderer Hund wurde, als man sich vorgestellt hat.

Sicher, jeder fängt einmal an. Aber was hindert Sie, vor dem ersten eigenen Hund Erfahrungen zu sammeln? Tierheime suchen manchmal Menschen, die Hunde ausführen; für Hunde werden Urlaubseltern gesucht, man kann Hundeplätze besuchen und zuschauen. Man kann in Parkanlagen Vierbeiner beobachten oder eine Zeitlang die Hündin des berufstätigen Nachbarn von nebenan betreuen und ausführen. Dies sind Chancen, die Sie wahrnehmen können.

Sie sollten wissen, daß ein Hund Ihr Leben verändern wird. Daß er Sie bindet, Ihnen Pflichten auferlegt. Über Jahre werden Sie tagtäglich für ihn da sein, er braucht seinen Auslauf, egal, ob es regnet, schneit oder stürmt. Er läßt sich nicht in die Ecke schieben und ist kein Spielzeug.

Über Jahre wird er tagtäglich für Sie dasein, Sie in Bewegung bringen. Er wird Sie nicht in eine Ecke abschieben, weil er Sie nimmt, wie Sie sind.

Rassehund oder Mischling?

Es gibt heute unzählige Hunderassen. Wer die Wahl hat, hat die Qual: Begeistert vom Aussehen einer bestimmten Rasse, läßt sich so mancher leider in die Irre führen. Aber jede Rasse wurde ursprünglich für einen bestimmten Zweck gezüchtet; durch gezielte Selektion wurde der Hund eine Kreatur des Menschen, die in ihrer Vielfältigkeit fasziniert.

Der Hund ist aber auch ein Lebewesen, das zur Ware degradiert wurde; man kann es kaufen und abschieben. Hinter Gittern warten die Produkte der Massenzüchter auf menschliches Mitleid, und hinter Gitter landen diejenigen, mit denen man nicht mehr zurecht kam, die man nicht mehr wollte, die nicht so wurden, wie man es sich vorstellte. Angebot und Nachfrage bestimmen den Wert dieser »Ware«. Hundebesitzer übernehmen Verantwortung in dem Moment, in dem sie den Hund zu sich nehmen. Durch falsches Mitleid unterstützt man Massenzüchter. Oder aber durch Wissen, Vernunft und Liebe verantwortungsbewußte Züchter. Und man kann auch einem Tierheimhund eine neue Chance geben.

Rassehunde haben den Vorteil, daß Größe, Aussehen, Charakter und Fähigkeiten weitgehend vorhersehbar sind. Ihr Nachteil ist, daß sie leider nur allzuoft nach dem Aussehen gekauft werden, und durch Film und Werbung entsteht immer wieder das Phänomen der »Moderassen«. Zu viele Rassehunde werden nur nach Masse produziert, und Rassestandards nehmen extreme Formen an.

Verantwortungsbewußte Käufer sollten Rassewelpen nur bei seriösen Züchtern kaufen. Das kann zwar bedeuten, daß man längere Zeit, unter Umständen sogar bis zu einem Jahr, auf seinen Welpen warten muß, aber im Sinne des Tierschutzes sollte man sich diese Zeit nehmen.

Bei der Wahl der Rasse kann man sich an Rassestandards orientieren, doch den maßgetreuen Hund gibt es dennoch nicht. Denn auch ein Hund wird nicht nur durch Erbeigenschaften bestimmt, sondern genauso durch seine Aufzucht, seine Erziehung und sein soziales Umfeld geprägt.

Nehmen Sie als Beispiel den *Bordercollie*, der bis vor kurzem nur sehr selten als Haushund gehalten wurde. Seine Zucht zielte vor allem auf gute Hüteeigenschaften ab, das Aussehen spielte kaum eine Rolle. Bordercollies sind mit die besten Hütehunde, wenn sie entsprechend ausgebildet sind und arbeiten können.

So haben Sie also gelesen, daß der Bordercollie leicht erziehbar ist und nicht zum Jagen neigt, und Sie dachten, dieser Hund sei für Sie das richtige.

Nun leben Sie bereits ein Jahr mit diesem Hund, und jede Arbeit mit dem Collie ist Ihnen zu mühsam. Vermutlich werden Sie in etwa folgendes erleben: Er jagt, rennt hinter Radfahrern hinterher, und hört nicht im geringsten.

Leicht erziehbar, auch leichtführig genannt, bedeutet nicht, daß der Hund automatisch »brav« ist!

Es handelt sich hierbei um einen Vierbeiner, der sich zwar bereitwillig unterordnet und gerne etwas unternimmt, auch eifrig mit Ihnen zusammenarbeitet, aber eben nur dann, wenn Sie selbst das notwendige Verständnis mitbringen und dem Hund darüber hinaus Erziehung und Beschäftigung geben.

Die Arbeitsfreude mancher Rassen wird zur Last, wenn Sie die Bedürfnisse des Hundes nicht erfüllen können. Dann gibt es Rassen, von denen gesagt wird, daß sie eine feste Hand brauchen. Damit ist nicht die schlagende Hand gemeint, sondern ein Besitzer oder eine Besitzerin mit Konsequenz und Gespür für Hunde. Meist sind dies keine Hunde für Anfänger.

Hund ist also nicht gleich Hund. Rassetypische Eigenschaften sind Eigenschaften, die man mit entsprechendem Wissen fördern und nutzen kann. Aber es gibt auch Grenzen. Es ist keine sonderliche Kunst, aus einem Deutschen Schäferhund einen Schutzhund zu machen oder aus einem Husky einen Schlittenhund. Aber es ist wohl bereits ein kleines Wunder, mit einem Afghanen eine Fährtenprüfung zu bestehen.

Man sollte also vorher überlegen, was man dem Hund bieten kann, was man von ihm erwartet.

Schließlich gibt es auch noch Mischlingshunde. Sie sorgen für viele Überraschungen, aber man kann sicher sein, ein »Original« zu haben. Man findet sie in allen Varianten in Tierheimen, und sie alle suchen ein neues Zuhause.

Welpe oder erwachsener Hund?

Eine andere Entscheidung, die manchmal gar nicht so einfach ist, wie sie erscheint, ist, ob man einem Welpen oder einem erwachsenen Hund ein Zuhause geben sollte. Auch Welpen findet man übrigens in Tierheimen, es lohnt sich, sich dort einmal umzusehen.

Ein Welpe ist niedlich, und kaum einer kann sich wohl seinem Charme entziehen. Optimal aufgezogen, wird er voller Tatendrang sich selbst und die Welt erkunden. Aber man braucht sehr viel Zeit, man kann ihn nicht allein lassen, seine Ernährung stellt hohe Ansprüche. Er wird so manche heißgeliebten Gegenstände rücksichtslos kaputtmachen. Aber es ist eine schöne Zeit, einen kleinen, unerfahrenen Knirps heranwachsen zu sehen und all seine Phasen, von kindlicher Neugierde bis zur Reife des Alters, mitzuerleben.

Anders der erwachsene Hund, meist abgeschoben aus welchen Gründen auch immer. Er hat seine Erfahrungen gemacht, und seine Vergangenheit kennt oft nur er selbst. In den Tierheimen warten aber nicht nur Problemhunde, sondern viele »normale« liebe Vierbeiner, mit mehr oder weniger Erziehung. Ihre Stärken und Schwächen sind oft bekannt, man muß nur etwas gründlicher danach fragen. Sie sind bereits geprägt, und manchmal brauchen sie eine Zeit, um sich umzugewöhnen. Aber sie lassen sich durchaus noch erziehen. Ein Hund ist in der Lage, bis ins hohe Alter zu lernen.

Leider aber gibt es zu viele Hunde, die durch falsche Haltung, Mißhandlung und Tierquälerei schwierig und mißtrauisch geworden sind. Es sind die, die niemand mehr haben will, die über Monate, manchmal sogar Jahre, hinter den Gittern der Tierheime ihr Leben fristen. Sie zeigen uns, wozu Menschen fähig sein können und klagen an.

Ich nehme mir hier die Freiheit zu sagen, daß mancher Hundebesitzer mit schwierigen erwachsenen Tieren aus dem Tierheim wirklich überfordert ist und weder sich noch dem Hund einen Gefallen erweist, wenn er ihm ein Zuhause geben möchte. Denn jedes erneute Abschieben in das Tierheim bedeutet einen schweren Rückschlag für den Hund, dessen Psyche durch Menschen schon genügend zerstört wurde. Ein verhaltensgestörter Hund wird nicht plötzlich aus lauter Dankbarkeit wieder »normal«. Es braucht hier viel Wissen, Geduld und Arbeit sowie eine wirklich absolut unerschütterliche Liebe zu genau diesem Hund, egal, was auch immer passiert. Man muß sich selbst ehrlich genug prüfen, ob man mit sehr schwierigen Hunden wirklich zurechtkommen kann, damit man sich später nicht gezwungen sieht, einen solchen Hund dann doch wieder zurückzubringen.

Nein, ich möchte Sie hier nicht entmutigen, sondern ich fordere Sie trotzdem auf, in die Tierheime zu gehen. Irgendwo wartet vielleicht bereits Ihr Hund.

Rüde oder Hündin?

Die männlichen Vertreter einer Rasse sind meist imposanter, stärker und selbständiger als die weiblichen. Hündinnen gelten allgemein als leichter zu erziehen und anhänglicher. Allerdings gibt es auch sehr zarte Rüden und äußerst selbstbewußte Hündinnen.

Für viele Menschen ist die Läufigkeit der Hündin, in der Regel zweimal im Jahr, sehr unangenehm, und sie wählen deshalb einen Rüden. Der aber ist das ganze Jahr über »bereit«, und für manche gibt es kein Halten mehr, weht ihnen der Duft einer läufigen Hündin in die Nase. Rüden neigen deshalb auch eher zum Streunen.

Rüden sind nicht kampfluster als Hündinnen. Sie haben zwar zum Teil eine höhere Bereitschaft, ihr Revier zu verteidigen, beschränken sich dabei aber in der Regel auf Schaukämpfe, daß heißt, der Kampf wird beendet, sobald sich einer unterwirft. Hündinnen dagegen raufen mit härteren Bandagen und sehr ernst. Wichtig bei beiden also ist eine Sozialisierung, bei der sie lernen, daß Begegnungen mit Artgenossen etwas ganz gewöhnliches sind.

Welpen genießen einen besonderen Schutz: Sie zeigen sich erwachsenen Hunden gegenüber sehr unterwürfig, dieses Verhalten löst bei dem Artgenossen normalerweise eine Beißhemmung aus. Rüden sind sehr geduldig und gehen meist einfach davon, wenn der Kleine zu sehr nervt. Bei Hündinnen ist das ein wenig anders. Zwar zeigen auch sie häufig soziales Pflegeverhalten gegenüber Jungtieren. Manche aber sind ziemlich aggressiv und beißen Welpen, zum Teil ernsthaft. Dies geht vielleicht auf das Wolfserbe zurück. Zwar helfen die Wölfinnen mit bei der Aufzucht der Jungen von der Alphahündin, die in der Regel die einzige ist, die in einem Rudel Junge bekommt. Aber es kann vorkommen, daß auch andere Wölfinnen Junge bekommen, die dann manchmal getötet werden. So ist gewährleistet, daß auch weiterhin die Welpen der Alphahündin gut betreut werden und somit bessere Überlebenschancen haben.

Wenn man also nicht weiß, wie die eigene Hündin auf Welpen reagiert, sollte man sie vorsichtshalber an die Leine nehmen.

Wer es gerne ein bißchen ruhiger hat und einen Hund sucht, der – im allgemeinen, wohlgemerkt – willig die menschliche Autorität akzeptiert, ist mit einer Hündin gut beraten. Soll es ein bißchen wilder zugehen, kann man klare Grenzen setzen, läßt man sich nicht so schnell aus der Fassung bringen, dann kann man einen Rüden wählen. Aber, wie gesagt: Es gibt immer auch Ausnahmen.

Wieviel Bewegung braucht ein Hund?

Einen Hund artgerecht zu halten, heißt auch einzuschätzen, wieviel Bewegung er braucht. Das ist sowohl von Rasse zu Rasse als auch von Hund zu Hund unterschiedlich. Ein Garten ist das geringste Kriterium, wenn man einen großen Hund möchte. Sicher ist ein Garten für Mensch und Hund etwas sehr Schönes, leider aber wird eigener Grund oft mit Auslauf gleichgesetzt, und das ist nicht richtig. Manche Tierheime betrachten einen Garten als Grundvoraussetzung für einen größeren Hund. Die Vermittlung dieser Hunde wird dadurch leider unnötig erschwert. Denn der Hund ist ein Rudeltier, schließt sich Tier bzw. Mensch an. Das heißt, Ihr Hund wird im Garten gemütlich neben Ihnen dösen, während Sie ein Schläfchen im Liegestuhl halten. Der Garten kann Auslauf nie ersetzen, nur ergänzen.

Einige Grundregeln kann man dennoch aufstellen. Sehr große Rassen wie *Doggen, Irish Wolfhound, Bernhardiner, Neufundländer* etc. werden sich in einer engen Wohnung nicht sehr wohl fühlen. Hunde mit dichtem Fell und starker Unterwolle haben oft Probleme mit der warmen, beheizten Wohnung im Winter. Ständiges Treppensteigen in höher gelegene Wohnungen kann problematisch werden. Für *Basset Hounds, Dackel* und andere Rassen mit langem Rücken und kurzen Beinen ist das Treppensteigen absolut tabu. Bei großen Hunden bedenkt man anfangs oft nicht, daß auch sie einmal krank werden könnten. Nach einer Operation, bei HD (Hüftgelenksdysplasie) oder Arthrose sollte der Hund nicht mehr Treppen hinauf- und schon gar nicht mehr hinuntergehen. Wer im vierten Stock ohne Aufzug wohnt, wird mit einem 20-kg-Hund ziemlich fit werden, einen ausgewachsenen Bernhardiner zu tragen, ist jedoch unmöglich.

Es stimmt auch nicht so ganz, daß kleine Hunde weniger Auslauf brauchen als große. Auslauf gibt zwar die notwendige körperliche Fitneß, aber eben auch Abwechslung, soziale Kontakte und vieles mehr. Weiter sind manche Kleinen, zum Beispiel *Jack Russel Terrier,* äußerst lebhaft und sehnen sich nach Bewegung. Manche Großen, wie etwa *Neufundländer,* wirken dagegen eher phlegmatisch.

Während der Schäferhundbesitzer also sportlich durch die Park-anlagen radelt, geht der Kleinhundbesitzer gemütlich spazieren, aber eben nicht nur schnell um den Häuserblock. Jeden Tag sollte man seinem Hund ausreichend Bewegung im Freien geben, idealerweise ohne Leine. Er sollte die Möglichkeit haben, nach Bedarf richtig zu rennen, zu spielen, zu schnüffeln, Kontakte zu knüpfen, sich gemütlich im Gras zu wälzen und sonstigen Be-dürfnissen nachzugehen. Kein Garten kann ihm diese Abwechs-lung geben.

> Sehr viel wichtiger als der eigene Garten sind soziale Kon-takte! Der Garten mag den Schein aufrechterhalten, der Hund werde artgerecht gehalten. Ein Hund kann auch ohne Garten glücklich sein, nicht aber ohne Kontakte zu Artgenossen. Auch Gartenbesitzer müssen also mit ihrem Hund regelmäßig spazierengehen!

Wie lange man täglich »Gassi geht«, hängt von dem Hund ab: Der eine frißt einen aus Begeisterung fast auf, wenn es nach draußen geht, der andere streckt sich erst einmal gemütlich und geht es gelassen an. Manche Hunde rennen begeistert neben dem Fahrrad, andere denken gar nicht daran mitzulaufen. Sicher gibt es lauffreudigere Rassen und genügsame. Daran können Sie sich orientieren, bevor Sie einen Hund zu sich holen. Ist er aber im Haus, gibt er Ihnen die Richtlinie.

Man kann auch deshalb keine Zeitangaben für den Auslauf ma-chen, da nicht nur die Dauer, sondern auch die Qualität des Aus-laufs Bedeutung hat. Führt man einen Windhund zwei Stunden an der Leine aus, wird er weniger davon haben als von einer 15minütigen rasanten Jagd neben dem Fahrrad. Auch aufregende Spiele mit anderen Hunden oder dem Ball geben mehr her als eine ruhige Wanderung. Als kleine Faustregel kann man sich merken, daß man täglich mindestens zwei Stunden im Freien mit dem Hund sein sollte.

Der Hund muß weiter regelmäßig die Möglichkeit haben, sein Geschäft zu erledigen. **Mindestens viermal täglich sollte der**

Hund ins Freie geführt werden. Man darf nicht warten, bis der Hund kurz vor dem »Platzen« ist, wie es manche Hundebesitzer leider tun, wenn sie nur zweimal mit ihm hinausgehen. Das ist zu wenig. Daneben muß man bedenken, daß Rüden markieren und sie einige Male ihr Bein dazu heben. Es dauert also eine Weile, bis die Blase leer ist. Der Gang zum ersten Baum und wieder zurück reicht nicht aus!

Sich zu lösen, ist ein natürliches Grundbedürfnis des Hundes, das man nicht aus Bequemlichkeit heraus mißachten darf!

Welche Beschäftigung für welchen Hund?

Wie man den Hund beschäftigt, richtet sich nach der Rasse oder der Mischung. Hierbei muß die man die Geschichte, die Ahnen des Hundes betrachten. Für einige Rassen soll das hier aufgeführt werden.

Hütehunde wurden zum Beispiel für die Arbeit an Schafen gezüchtet. Gemeinsam mit dem Schäfer hielten bzw. halten sie die Herden zusammen. Es sind sogenannte leichtführige Hunde, die den Befehlen schnell gehorchen müssen. Sie sind flink und ausdauernd. Ihre Arbeit dauerte den ganzen Tag, die Nächte verbrachten sie oft im Freien. Diese Hunde erscheinen sehr intelligent, sie lernen ausgezeichnet, auf einzelne Pfiffe oder Handzeichen richtig zu reagieren. Der vielleicht berühmteste Vertreter ist der *Collie*. Aufgrund der Liebenswürdigkeit der Hütehunde, ihrer wenig ausgeprägten Jagdlust und ihrer Lebendigkeit wurden sie beliebte Haushunde. Dabei aber wird zu oft vergessen, daß es Arbeitshunde waren und auch heute noch sind. Der *Bordercollie*, der allmählich leider zum Modehund wird, war noch vor wenigen Jahren nur in der Hand von Schäfern. Diese Hunde ertragen das normale Leben ohne Aufgaben nicht sehr gut, denn sie gieren nach Arbeit und Bewegung. Wer einen Hütehund hat, sollte ihm wirkliche Aufgaben stellen, die seinen Geist, seine Geschicklichkeit und seine Intelligenz befriedigen können. Das beansprucht sehr viel Zeit, denn mit gewöhnlichen Spaziergängen werden diese Hunde nicht sehr glücklich werden. In Agility, Fly-Ball oder Breitensport sind sie oft voll Eifer bei der Sache.

Windhunde wurden für das Hetzen von Wild gezüchtet, es sind Sichtjäger, die allem hinterherrennen, was sich bewegt. Sie werden auch nie klassische Unterordnungsübungen absolvieren, weil es gegen ihre Natur ist. Fremden gegenüber sind sie oft sehr reserviert. Sie haben eine edle Erscheinung, von der sich mancher mitreißen läßt, aber reine Familienhunde sind sie nicht. Windhunde haben einen tiefen Brustkorb, hohe Läufe, leichte Knochen, und sie erreichen sehr hohe Geschwindigkeiten. Sie brauchen das Hetzen, das ihnen die wenigsten Menschen geben können. Auch kann man sie fast nirgends frei laufen lassen, weil sie allem hinterherjagen. Ihr Bedarf an Bewegung ist enorm.

Schlittenhunde hatten einst ein hartes Leben, sie sind imstande, kilometerweit ohne Pause zu laufen. Der bekannteste Vertreter ist der *Siberian Husky*. Menschen sind fasziniert von seinem oft wolfsähnlichen Aussehen und seiner Freiheitsliebe. Viele scheitern aber genau an dieser. Leider ist der Husky ein Modehund geworden, Schlittenhundrennen ziehen Zuschauer von weither an. Der Traum nach dem »Wolf« mit den blauen Augen scheint groß zu sein. Ein Husky ist kein Einzelhund, denn er hat immer im Rudel gelebt und ein ausgeprägtes Sozialverhalten. Er ist auch kein Hund für Anfänger, denn seine Erziehung ist alles andere als einfach. Er ist sehr selbständig und unabhängig, hat einen ausgeprägten Jagdtrieb und die Ausdauer, Wild lange zu verfolgen. Ausflüge mit dem Rad sind für ihn und alle anderen Schlittenhunde ein Muß. Mit Sicherheit sind sie weder Couch- noch Leinenhunde! Sie lieben das Laufen und die freie Natur. Menschen gegenüber sind Schlittenhunde meist ausgesprochen freundlich, und eignen sich daher nicht als Wachhunde. Anderen Hunden gegenüber zeigen sie sich jedoch teilweise aggressiv.

Gebrauchs- und *Schutzhunde*, dazu gehören zum Beispiel *Deutscher Schäferhund, Rottweiler, Riesenschnauzer* und *Dobermann*, sind mehr oder weniger Spezialisten. Der Deutsche Schäferhund ist überall auf der Welt verbreitet, eingesetzt als Blindenhund, Rettungshund, Polizeihund und vieles mehr. Er ist zu beeindruckenden Leistungen fähig. Gebrauchshunde brauchen ihre Aufgaben, und vor allem klare Grenzen und Regeln. Es sind keine »Nur«-Familienhunde. Auf mangelnde Beschäftigung reagieren sie problematisch. Nicht umsonst sind gerade Deutsche Schäferhunde und deren Mischungen die häufigsten Vertreter in unseren Tierheimen. Falsche Haltung und Erziehung können sich verheerend auswirken. Mit diesen Hunden sollte man eine höhere Ausbildung anstreben, zum Beispiel als Fährtenhund oder auch Agility, also Geschicklichkeitssportarten betreiben.

Auch *Jagdhunde* sind nicht immer für »Normalhaltung« geeignet. *Dackel* und *Spaniel* haben sich in unseren Wohnungen bereits etabliert, *Labrador Retriever* werden zum Teil als Blindenhunde eingesetzt. *Pointer, Deutsch Drahthaar, Weimaraner* und einige mehr aber sind auch heute noch »reine« Jagdhunde, die an der Seite des Jägers ihr Brot verdienten und verdienen. Sie brauchen eine gründliche Ausbildung, ihr Jagdtrieb ist nur schwer zu kontrollieren. Viele Jagdhunde in privater Hand neigen zum Wildern. Sie alle brauchen viel Bewegung. Jagdhunde sind gelehrig und Menschen gegenüber freundlich. Sie sind oft, je nach Rasse, sehr temperamentvoll und immer in Bewegung. Jagdhunde werden nochmals unterteilt in Laufhunde, die in der Meute dem Wild hinterherjagen, Vorstehhunde, Stöberhunde, und Retriever, die eng mit dem Menschen zusammenarbeiten. Da es sehr viele verschiedene Jagdhundrassen gibt mit unterschiedlichen Aufgabengebieten, sollte der Interessent auf geeignete Fachliteratur zurückgreifen.

Terrier sind ein Thema für sich. Sie sind zähe Burschen, auf Ausdauer gezüchtet, oft mit einer starken Neigung zur Aggressivität. Fast alle zeichnen sich durch Härte und Selbständigkeit aus, ihre Erziehung ist nicht immer einfach. Sie sind Energiebündel, scheinbar unermüdlich. Terrier sind meist kleine bis mittelgroße Hunde, ursprünglich gezüchtet für die Jagd auf Ratten und andere Tiere, die in unterirdischen Bauten hausen. Sie brauchen konsequente Erziehung, neigen zum Jagen – ihren Besitzern wird sicher nie langweilig werden. Sie sind intelligent und meist gut aufgelegt, oft sind sie gute Wächter, neigen aber auch zum Kläffen. Manchem Terrier macht Agility oder eine andere Aufgabe sicher sehr viel Spaß.
Bullterrier und *Staffordshire Terrier* sowie *Molosser* werden mancherorts als »Kampfhunde« bezeichnet und sind deshalb leider

einem Leinen- und Maulkorbzwang unterworfen. Aber verantwortungsvoll gezüchtet und verständnisvoll erzogen, sind diese Hunde sehr menschenfreundlich. Dennoch sollte man trotzdem ein wenig realistisch bleiben und ihre Kraft kennen. Wenn sie nämlich beginnen, ernsthaft mit einem anderen Hund zu raufen, ist es sehr schwierig, den Kampf zu beenden. Ausreichend Kontakt zu Artgenossen ist besonders in der Welpenzeit notwendig.

Molosser haben einen schweren Körperbau und waren ursprünglich zum Teil Herdenschutzhunde. Deshalb haben sie einen nur wenig ausgeprägten Jagdtrieb, sind aber meist gute Wächter. Ihr Temperament ist eher ruhig, bedingt durch ihre Körpermasse.

Dies war nur ein kleiner Auszug aus der Vielfalt unserer Hunderassen. Hundehalter sollten die Geschichte ihrer gewählten Rasse kennen. Sollte es nicht möglich sein, auf die speziellen Bedürfnisse eines Hundes einzugehen, sollte man sich für eine andere Rasse oder Mischung entscheiden. Nicht glänzendes Fell und schöne Augen sollten ausschlaggebend sein, sondern rassetypische Eigenschaften!

Man sollte sich auch Gedanken darüber machen, wie sich das Leben des modernen Hundes heute von dem früherer Generationen unterscheidet. In der hochindustrialisierten Welt findet man nur wenig ursprüngliche Natur, was den Hunden eine große Anpassungsfähigkeit abverlangt; So mußten zum Beispiel die meisten Windhunde schon längst die weite Wüste gegen enge Städte eintauschen. Die meisten Hunde haben einerseits ihre Wurzeln verloren, andererseits aber ihre Eigenheiten bewahrt. Man sollte also realistisch und sachlich vernünftig bleiben bei der Wahl einer Rasse oder Mischung.

Wie auch immer, ob Welpe oder »Oldie«, Rasse oder Mischling, Rüde oder Hündin – die Auswahl des Hundes ist eine persönliche Entscheidung, die Sie nur für sich selbst treffen können. Und für Ihren Entschluß tragen Sie auch ganz persönlich ein Hundeleben lang die Verantwortung!

Anschaffung des Hundes und seine ersten Tage im neuen Heim

Der Welpe vom Züchter

Für reinrassige Welpen sollte man sich zum Beispiel mit dem VDH (Adresse im Anhang) in Verbindung setzen. Bei Züchtern, die sich diesem Verband anschließen, kann man relativ sicher sein, einen Hund zu erhalten, der dem Rassestandard entspricht, der gut aufgezogen wurde und bei dem das Muttertier nicht als Gebärmaschine mißbraucht wird. Blindes Vertrauen ist dennoch nicht angesagt!

Leider kommt es jedoch häufig vor, daß Menschen ihren Hund aus einem Geschäft oder über dubiose Zeitungsinserate erwerben. Oft handelt es sich hier um lebende Ware aus Massenzuchtanstalten. Natürlich kann man damit argumentieren, einen armen Hund freigekauft zu haben. Aber jeder verkaufte Hund macht Platz für neue! Das Elend kann erst aufhören, wenn keine Hunde mehr aus Massenzuchten verkauft werden!

Der kleine Welpe sollte mit seiner Mutter gesehen werden können, d.h., wird Ihnen nur ein einzelner Welpe aus dem Hinterzimmer gebracht, dann – Hände weg! Sie sollten beobachten, wie die Mutterhündin auf ihren Besitzer reagiert, wie sie gehalten wird, wie sie mit den Welpen umgeht. Tiere aus reiner Zwingerhaltung sind abzulehnen, denn sie sind oft nicht ausreichend sozialisiert. Es sollte auch ein Warnsignal sein, wenn Welpen immer noch mit kupierten – also zurechtgeschnittenen – Ohren verkauft werden, denn das ist in Deutschland verboten! Seriöse Züchter halten sich an dieses Verbot. Und Sie als Hundekäufer sollten das Kupieren nicht mit Ihrem Kauf unterstützen!

Entscheidet man sich für den Kauf eines Welpen beim Züchter, sollte man darauf achten, daß der Kleine gesund ist und lebhaft,

mit einer guten Portion Neugierde. Auf seinen vertrauten Pfleger und fremde Menschen sollte er zutraulich reagieren.

Flüchten die Welpen panisch beim Anblick von Menschen und lassen sie sich auch nicht wieder hervorlocken, sollte man die Finger davonlassen. Die Tiere wurden sicher nicht gut aufgezogen. Solche »Züchter« sollte man nicht unterstützen.

Macht aber das Umfeld um sie herum auf Sie einen positiven Eindruck, dann beschäftigen Sie sich ein wenig mit den Knirpsen. Dabei sehen Sie, ob sie munter, neugierig und gesund sind. Im Zweifel sollte man einen hundeerfahrenen Bekannten mitnehmen!

Wenn Hundebesitzer erzählen, wie sie genau zu ihrem Strolch gekommen sind, hört man oft folgende Geschichte: »Er hat mich ausgesucht, denn er kam als erster von allen Welpen auf mich zu.« Dieser Knirps hat nicht ausgewählt! Er war nur der frechste im Rudel, auch oft der mutigste. Würde man die Meute eine Zeit beobachten, würde man feststellen können, daß der Kleine über die anderen dominiert. Er knurrt am fleißigsten beim Fressen und ist nicht immer gerade zart zu den anderen. Auch gegenüber fremden Menschen hat er keine Scheu. Der Hundesbesitzer in spe wurde also nicht ausgesucht, sondern er hat den Dominantesten mit nach Hause geholt. Natürlich muß das nun gar nichts bedeuten, es kann aber dennoch heißen, daß der Hund schwerer zu erziehen ist und auch zum Teil auf andere Hunde sehr dominant reagiert. Bei der Anschaffung des ersten Hundes ist sicher ein Welpe aus der guten Mitte am besten geeignet.

Das andere Extrem ist der Kleinste des Rudels, der sich gar nicht zu uns her wagt und der auch von den übrigen Rudelmitgliedern ziemlich unterdrückt wird. Allgemein wird gesagt, man solle von diesen Hunden Abstand nehmen. In einem späteren Kapitel werde ich auf diese ängstlichen Hunde noch genauer eingehen. Aber hier möchte ich dennoch kurz die Frage in den Raum stellen: Was passiert mit diesen Welpen, wenn sie niemand haben will? Ich selbst habe einem solchen »ewigen Verlierer«, einem »wesensschwachen« und »menschenscheuen« Hund ein Zuhause gegeben. Sicher ist er nicht so einfach und handlich wie ein anderer Hund, aber ich selbst bereue keinen einzigen Tag mit ihm. Auch diese Hunde wollen ein Zuhause, und sie verdienen es. Vielleicht entsprechen die oftmals übertriebenen Warnungen vor diesen Hunden der heutigen Tendenz, nur das Schöne und Gute zu akzeptieren – und die manchmal zu lauten Forderungen nach dem idealen Hund, der überall brav und gut ist, nur der heutigen Tendenz, das »Nichtnormale« abzulehnen, weil es mehr Mühe macht?

Meist aber macht es Schwierigkeiten, während eines einmaligen Besuchs beim Züchter überhaupt irgendwelche Unterschiede zwischen den Welpen festzustellen, besonders, wenn man das erste Mal so viele Kleine auf einmal sieht. In diesem Moment wird vieles, was man vorher gelesen hat, schlicht vergessen, und nur noch Emotionen (»Ach, ist der da süß!«) spielen eine Rolle.

Es ist besser, die Welpen öfter zu besuchen, dann kann man sich in Ruhe nicht nur emotional, sondern auch sachlich für einen von ihnen entscheiden.

Natürlich sind Welpen im Alter von etwa 10–12 Wochen noch nicht »fertig«. Vieles hängt von der späteren Entwicklung, von Umwelteinflüssen und der Beschäftigung ab. Dennoch: Ein Grundcharakter läßt sich bereits in diesem Alter feststellen.

Der Hund aus dem Tierheim

Viele Hunde aus den Tierheimen werden spontan, aus emotionalen Gründen mitgenommen. Es sollte eigentlich ein kleiner Hund ausgesucht werden, doch nun bringt man einen Schäferhund mit nach Hause, weil er gar so mitleiderregend aussah. Und genauso schnell wandert so mancher auf diese Weise mitgenommene Hund wieder zurück in den Zwinger, weil man nicht mit ihnen zurechtkommt. Hören Sie sich also unbedingt die Vorgeschichte des Auserwählten an! Wurde der Hund abgegeben, weil er zum Beispiel nicht alleine bleibt, keine Kinder mag, sich nicht mit anderen Hunden verträgt oder weil er bissig ist, müssen Sie realistisch bleiben. Er wird diese Probleme bei Ihnen genauso

haben, und Sie müssen zunächst bereit sein, den Hund so zu akzeptieren. Gleichzeitig müssen Sie sich für fähig halten, diesen
Hund neu zu erziehen. Altgewohntes Verhalten wird ein Hund
aber nicht immer schnell ändern, es kann Monate, sogar Jahre
dauern, je nach dem, was der Hund vorher alles erlebte. Sie sollten bis in die letzte Konsequenz bereit sein, ihm die Zeit zu
geben, die er braucht! Wenn nicht: Lieber Hände weg!

Von einigen Hunden weiß man in den Tierheimen wenig, da sie
mit falschen Angaben abgegeben oder gefunden wurden. Dann
ist das Ganze eine Überraschung, weil Ihnen der Hund erst nach
und nach durch sein Verhalten mitteilt, wie und wer er ist. Auch
dazu muß man bereit sein.

Tierheimhunde sind auch nicht anhänglicher als »gewöhnliche«
Hunde. Es erscheint einem nur so, weil man gemeinsam ganz andere Erfahrungen macht und in der Regel eine ganze Portion
mehr Arbeit »hineinstecken« muß. Auch sind Mischlinge, die
häufigsten Vertreter im Tierasyl, nicht klüger oder gesünder. Je
nach Ahnen können sie genauso Erbkrankheiten und sonstiges
haben.

Wer ein Tierheim betritt, bleibt von der Atmosphäre dort meist
nicht unberührt. Zeigt sich doch hier ein trauriger Teil unserer
Gesellschaft: Hunde, lebende Wesen als Wegwerfprodukte, ausgesetzt, abgegeben aus den verschiedensten Gründen.

Inzwischen ist die Tendenz steigend, auch Hunde aus südlichen
Ländern bei uns zu vermitteln. – Allerdings: um Elend zu sehen,
braucht man nicht in die Ferne zu blicken, in unserem eigenen
Land gibt es genug davon. Ich möchte damit nicht gegen die Vermittlung solcher Hunde sprechen. Nur sollte man nicht blind gegenüber den eigenen Problemen werden. Man sollte andere Län-
der nicht kritisieren, wenn man selbst nicht bereit ist,
Tierquälerei in seiner eigenen Heimat ebenso zu bekämpfen.
Wenn Sie einem erwachsenen oder alten Tierheimhund ein Zuhause geben, werden Sie nicht die Freude haben, einen Welpen
heranwachsen und reifen zu sehen. Sie werden nicht den Spaß
genießen können, der mit einem jungen Hund verbunden ist.
Aber Sie werden die Möglichkeit haben, einen Hund innerlich

wachsen zu sehen, mitzuerleben, wie er allmählich, Schritt für Schritt seine Vergangenheit zurückläßt. Sie werden mit ihm Tag für Tag ein wenig mehr zusammenwachsen. Überlegen Sie also, ob es denn wirklich ein Welpe sein muß. Übrigens sind auch Welpen manchmal in Tierheimen zu finden. Ist es Ihnen also nicht so wichtig, Papiere mit Stammbaum usw. zu besitzen, sehen Sie sich doch dort einmal um.

Hier möchte ich einige Ratschläge für die Aufnahme eines erwachsenen Hundes geben:

— Auch für den Tierheimhund sollte, wie für den Welpen, die Grundausstattung bereits zu Hause warten.

— Füttern Sie zu Beginn das Futter, das er gewöhnt ist. So vermeiden Sie Durchfall. Zum gewohnten Fressen geben Sie immer ein wenig mehr des neuen Futters hinzu. Feste Fütterungszeiten sollten eingehalten werden. So erhält sein anfänglicher Tagesablauf eine geregelte Ordnung und vermittelt dem Hund Sicherheit.

— Schon jetzt muß der Neuzugang einige Regeln kennenlernen. Möchten Sie zum Beispiel nicht, daß er auf die Couch geht, darf er das von Anfang an nicht.

— Die ersten Tage oder auch Wochen muß der Hund an der Leine geführt werden! Er kennt Sie noch nicht und hat somit keine Bindung an Sie. Sie wissen auch nicht, wie er in bestimmten Situationen reagiert. Er kann davonlaufen oder aber auch sonstwas anstellen. Am besten eignet sich eine 10-m-Leine. Der Hund hat einen kleinen Spielraum, und Sie können nicht die Kontrolle über ihn verlieren. Erst, wenn der Hund auf Sie reagiert, seinen Namen kennt, darf er von der Leine. Günstig ist es, wenn für den ersten Probefreilauf eine eingezäunte Wiese zur Verfügung steht.

— Gehen Sie die ersten Wochen immer den selben Weg. Er wird dem Hund eine Heimat, etwas Vertrautes und Bekanntes. Dadurch gewinnt er Sicherheit. Zu viele Ausflüge würden ihn nur verwirren.

– Die erste Zeit sollten keine ernsten Erziehungsversuche wie zum Beispiel »Sitz« usw. unternommen werden. Der Hund muß sich erst an uns gewöhnen.

– Nehmen Sie immer ein wenig Futter zur Belohnung mit. Fressen ist für die meisten Hunde ein starker positiver Reiz.

– Wenn der Hund gerne spielt, zum Beispiel mit dem Ball, dann haben Sie sehr gute Karten. Spielen entspannt und schafft Vertrauen. Im Freien kann man das Tier dadurch stärker an sich binden. Denn mit einem Ball oder Stöckchen läßt sich so mancher Hund besser motivieren zurückzukommen oder bei einem zu bleiben.

– Das Alleinbleiben läßt sich mit einem Tierheimhund manchmal hervorragend üben. Da er zu Ihnen noch keine Bindung aufgebaut hat, können Sie ihn vom ersten Tag an einige Minuten allein lassen. Er wird nicht hinterherbellen. Dies funktioniert allerdings nur bei Hunden, die von den Menschen nicht mehr sonderlich viel wissen wollen. Andere haben große Verlustängste und jaulen herzzerreißend, wenn man sie allein läßt. (Oft wurden sie auch aus diesem Grunde im Heim abgegeben). Sollte Ihr Timmy also wie beschrieben reagieren, lesen Sie bitte den Erziehungsteil. (s. S. 133f.)

Mancher Hund, den man erwachsen zu sich holt, hat verschiedene Probleme bzw. der Hundehalter, die Hundehalterin hat sie mit ihm. Unlösbar sind die wenigsten davon, nur brauchen manche von ihnen viel Zeit. Der Besuch einer Hundeschule ist all denen anzuraten, die noch keine Hundeerfahrung haben. Schwierigkeiten können so mit Hilfe erfahrener Menschen bearbeitet werden. Auch man selbst fühlt sich nicht so allein gelassen. Denn manchmal erlebt man mit einem Tierheimhund ein wirkliches Tief. Nämlich dann, wenn sich der Hund anscheinend nicht bessert, wenn Schwierigkeiten auftauchen, mit denen man sich überfordert fühlt, wenn man einfach nicht mehr weiter weiß. (Einige Menschen geben diesen Hund dann wieder ab. Leider.) Wenn Sie also einmal in solch eine Situation kommen, schließen Sie erst einmal ruhig die Augen. Erinnern Sie sich daran, daß der Hund seine Gründe hat, sich schwierig zu verhal-

ten, bedenken Sie, daß er seine Probleme bereits einige Zeit mit
sich schleppt und sie nicht von heute auf morgen lösen wird. Versuchen Sie weiter, die kleinen Fortschritte zu erkennen und sich
darüber zu freuen. Es kostet manchmal viel Mühe, viel Nerven,
weiter mit ihm zu arbeiten – aber irgendwann kommt die Zeit,
da Sie selbst allmählich vergessen, wie chaotisch die Anfänge
waren. Manche Hunde brauchen nur einige Wochen, andere
Monate und Jahre, um zu vergessen, was ihnen widerfuhr. Aber
Sie sollten nicht aufgeben und nur in äußersten Notfällen das
Tier wieder zurückbringen. Statt dessen sollten sie Rat und Hilfe
holen, zum Beispiel in Hundeschulen.

Der Welpe zieht ein

Endlich, ist er da: ein kleiner, umwerfend niedlicher Welpe. Die
Freude ist groß. Willys Körbchen steht bereits in einer Ecke, mit
einer kuscheligen Decke, darin ein Bällchen und ein Quietsch-
tier. Alles ist vorbereitet. Überglücklich geht die Familie dem
Kleinen überall nach. Dieser gönnt ihr allerdings nicht lange diesen Spaß, denn nach all der Aufregung ist er müde geworden und
hält ein Schläfchen. Nicht im Körbchen, sondern da, wo er gerade noch munter spielte.

Die Familie begibt sich flüsternd in einen anderen Raum und
ganz aufgeregt sprechen alle nur noch von Willy. Der ist inzwischen, von ihnen unbemerkt, wieder wach geworden und hat erst
einmal ein Bächlein laufen lassen. Nun heißt es, die Welt zu entdecken. Dabei stößt Willy auf interessante Gegenstände: die Le-
derschuhe sind herrlich zu zerbeißen, das Innenleben des Kissens
muß erforscht werden. Bis er zu seiner neuen Familie findet, hat
er schon so einiges zwischen seinen Zähnen gehabt. Mutter und
Vater blicken auf die zerrissenen Sachen, auf den See und das
Häufchen. Und so soll es weiter gehen? Böse Vorahnungen machen sich in Ihnen breit ...

Und dann erst die Nacht! Willys Geplärre ist herzzerreißend,
schlafen kann niemand. Am nächsten Morgen herrscht beim ge-
meinsamen Frühstück eine gedämpfte Stimmung. Die Mutter
putzt die Hinterlassenschaften auf, der Vater trauert seinen Haus-

schuhen, die Tochter ihrem Teddybären nach. Der Sohn bestaunt die Einzelteile dessen, was einst ein Plattenspieler war. Niemand will es so recht sagen, aber alle denken das Gleiche: Man hat sich alles ganz anders vorgestellt.

Inzwischen hat der unbeobachtete Welpe ein neues Häufchen gemacht, und nun ist die Geduld wirklich vorbei. Der Sohn tunkt Willys Nase hinein, schlägt mit der Zeitung auf den Boden und schreit dazu »Pfui«. Willy läuft unter die Couch. Kurz danach aber treibt ihn die Neugierde wieder hervor. Der Teppich ist ja auch zu interessant. Kaum aber haben seine Zähne danach geschnappt, packt man ihn unsanft im Nacken, schüttelt ihn und ruft wiederum »Pfui«.

Alle sind genervt, der Welpe verstört. Was immer er tut, es heißt »Pfui«. Was so unschuldig begann, ist nun eine mittlere Katastrophe geworden.

Nein, ohne Aufregung läuft der Einzug eines Hundes niemals ab. Aber den obengenannten Ablauf kann man vermeiden und auch schon den Einzug des Welpen als Freude und Bereicherung genießen. Was man hierzu braucht, ist erst einmal nur Zeit. In einer Familie kann man sich die Aufgaben gut teilen, ein Single allerdings ist für einige Wochen ganz schön gefordert. Dies sollte man sich ernsthaft bewußt machen.

Vermutlich hat der Kleine eine längere Anreise hinter sich. Bevor er also Ihre Wohnung kennenlernt, führen Sie ihn erst einmal an der Leine spazieren und hoffen, daß er sich löst. Erst dann kommt er in die Wohnung, die Sie bereits vorher welpengerecht hergerichtet haben. Sie haben alles, was nicht von Hundezähnen geprüft werden soll, aufgeräumt: Also Kissen auf die Couch, Schuhe, Jacken in den Schrank und so weiter. Kabel sollten so angebracht werden, daß sie der Welpe nicht erreichen kann. Außerdem stehen dem Welpen eigene Spielsachen zur Verfügung. Nun kann das Abenteuer beginnen. Er wird seine neue Welt erkunden, und Sie sollten ihn dabei begleiten. Bald wird er sicher müde werden und ein Schläfchen abhalten. Sie werden aber nur kurze Zeit Ihre Ruhe haben. Sie ziehen in der Zeit bereits Ihre Schuhe und Ihre Jacke an, denn sobald der Kleine erwacht, wird er hinaus müssen. Wenn Sie also sehen, daß der Welpe Anstalten macht, aufzustehen, bringen Sie ihn sofort ins Freie. Wieder ein Bächlein weniger, daß Sie putzen müssen.

Zurück in der Wohnung, spielen Sie mit dem Kleinen. Alle seine Sachen darf er ankauen, zerlegen, herumtragen. Sobald Sie merken, daß er Richtung Stuhlbein, Teppich oder anderem marschiert, lenken Sie ihn mit seinem Spielzeug davon ab. Waren Sie doch zu langsam, nehmen Sie ihm das verbotene Teil aus dem Maul, sagen mit tiefer Stimme »Nein« und geben ihm wieder seine eigenen Sachen. Es ist wichtig, sich in dieser Anfangszeit sehr viel mit dem Kleinen zu beschäftigen und ihn nicht unbeobachtet zu lassen. Aber er braucht natürlich auch die Möglichkeit, sich mit seinem Spielzeug auch einmal allein zu beschäftigen.

Wer sich am Anfang viel mit seinem Welpen beschäftigt, ihn nicht ständig sich selbst überläßt, kann viele Probleme von vornherein vermeiden.

Der Schlafplatz

Was für den Menschen die Wohnung ist, also ein sicherer Ort, an dem man sich geborgen fühlt, an dem man sein Eigentum aufbewahrt, sollte für den Hund der eigene Schlafplatz sein. Hier findet er Ruhe, hier hat er sein Spielzeug und kaut an seinem Knochen herum. Es eignet sich hierfür ein Hundekörbchen. Für große Hunde ist eine Kindermatratze gut geeignet, sehr kleine Rassen gehen auch gerne in Katzenkörbe.

Der Schlafplatz befindet sich in einer ruhigen Ecke, die dennoch in unserer Nähe ist, so daß der Hund alles beobachten kann. Ist er mit seinem Schlafplatz zufrieden, wird er sich gerne dort aufhalten und freiwillig dorthin gehen. Für Hunde, die allein bleiben müssen, ist so ein sicherer Ort unumgänglich.

Leine und Halsband

- Leinen sind hauptsächlich eine Sache des persönlichen Geschmacks. Gut geeignet sind Lederleinen, die sich verstellen lassen und eine Maximallänge von zwei Metern haben.
- Flexileinen können praktisch sein für den, der sie mag, für die Erziehung aber sind sie nicht sehr gut geeignet. Weiter haben sie den großen Nachteil, daß der Hund durch sie das Ziehen an der Leine lernt! Da eine Feder die Leine mit einer gewissen Kraft aufrollt, damit sie nicht durchhängen kann, lernt der Hund, gegen diese Kraft zu ziehen und hat seine Belohnung darin, daß er ein wenig mehr Freiraum hat. Flexileinen können einen Freilauf nie ersetzen, auch wenn dies manche Hundebesitzer offensichtlich meinen.
- 10-m-Leinen sind ein wichtiges Hilfsmittel in vielen Lebenslagen.
- Halsbänder gibt es in allen möglichen und unmöglichen Varianten. Für Welpen eignen sich am besten leichte, in der Größe verstellbare Nylonhalsbänder, um ein ständiges Nachkaufen zu vermeiden.
- Lederhalsbänder gibt es in einfacher Ausführung und mit umgeschlagen vernähten Kanten. Letztere sind zwar teurer, das Fell am Hals reibt sich aber nicht ab.
- Dünne Ketten sind ungeeignet. Sie schneiden ein und schmerzen den Hund.
- Würgehalsbänder, auch »Gesundheitswürger« genannt, bestehen aus groben Gliedern, man kann sie auf Zug einhaken oder auch nicht. Ihr Vorteil liegt darin, daß sie unverwüstlich sind, das Fell nicht zerstören und den Hund nicht mehr beeinträchtigen als ein Lederband. Ihr Nachteil kann darin liegen, daß sich manch einer aus Bequemlichkeit dazu verleiten läßt, auf Zug zu stellen, der Hund wird dabei oft erheblich gewürgt. Denn es wird irrtümlich angenommen, daß der Hund schon von selbst aufhört zu ziehen, wenn es ihn entsprechend schmerzt. Das tut er aber nicht, es ist hier Erziehung und nicht Gewalt notwendig.
- Brustgeschirre sind eine freundlichere Form, den Hund an der Leine zu führen. Zur »Bei-Fuß«-Ausbildung und für einen

Hund, der die Leinenführigkeit nicht beherrscht, sind sie jedoch nicht geeignet. Für einen Hund, der leicht in Panik gerät, sollte man ein gut sitzendes Geschirr in Betracht ziehen. Anders als beim Halsband kann er sich nämlich nicht so leicht herauswinden und in Panik davonrennen.

– Stachelhalsbänder, auch »Erziehungshalsbänder« genannt, sind Tierquälerei. Wer glaubt, seinen Hund nicht anders in den Griff zu bekommen, der sollte über sich und sein Verhältnis zu Hunden einmal ernsthaft nachdenken.

Gewöhnung an das Halsband

Für den Welpen kaufen Sie am besten ein leichtes Halsband aus Nylon. Es gibt auch solche, die aus Stoff geflochten sind. Lederhalsbänder werden meist am Anfang als sehr störend empfunden und sollten deshalb erst später gekauft werden.

Jedesmal, wenn Sie nach draußen gehen, legen Sie dem Hund das Halsband an. Im Freien ist er so abgelenkt, daß er meist gar nicht darauf reagiert. Zu Hause nehmen Sie es ihm immer ab. So begreift er sehr schnell, daß das Halsband Spazierengehen bedeutet und somit etwas Positives.

Bei einem Welpen, der sich immer am Halsband kratzt, kann die Ursache eben ein schweres Lederhalsband sein oder aber auch, daß das Halsband zu eng sitzt. Es sollte immer ausreichend locker sein, gerade so, daß der Hund sich nicht herausziehen kann.

Stubenreinheit

Ein Welpe muß in der Regel immer dann hinaus und sein Geschäft erledigen, wenn er vom Schlafen erwacht oder wenn er etwas zu fressen oder viel zu trinken erhalten hat.

In der Episode auf S. 30f. habe ich beschrieben, daß eine Erziehung zur Stubenreinheit mit Nackenschütteln, »Pfui!« usw. nichts bringt: Willy ist nur verwirrt, für den natürlichsten Vorgang der Welt wird er nun auch noch getadelt. Verstehen wird er so ziemlich gar nichts, denn Willy beschmutzt die Wohnung ja nicht aus Ungezogenheit, sondern weil zu wenig Rücksicht auf seine Bedürfnisse genommen wird.

Feste Fütterungszeiten sind zu Beginn ein Muß. Dadurch ergibt sich ein Rhythmus in der Verdauung, den man gut beobachten kann. Nach jedem Fressen und sofort, wenn Willy gerade aufwacht, nimmt man ihn in den Arm, geht mit ihm nach draußen, setzt ihn auf eine Wiese und wartet auf seine Erleichterung. Dafür wird er dann gelobt. Am Anfang befindet man sich eigentlich mehr draußen als in der Wohnung, manche Welpen müssen jede halbe Stunde urinieren!

Wird dies konsequent gemacht – sitzt man also immer bereit, Schuhe schon angezogen – lernt Willy sehr schnell, um was es geht. Der letzte Weg nach draußen ist etwa um 23 Uhr, der erste Gang 5 Uhr. Die letzte Mahlzeit sollte spätestens gegen 20 Uhr gegeben werden. Passiert in der Nacht doch ein Malheur, putzt man es schweigend auf. Schimpfen hat keinen Sinn.

Erledigt Willy sein Geschäft in der Wohnung, während man anwesend ist, war man zu langsam. Beobachtet man ihn nämlich, lernt man sehr schnell seine Verhaltensweise kennen und versteht seine Signale. Zum Häufchenmachen setzen sich Hunde gewöhnlich nicht sofort hin, sondern suchen mit typischen Bewegungen ein geeignetes Plätzchen. Man bemerkt also die »Suche«, nimmt Willy sofort hoch, sagt »Nein« und geht hinaus. Erst an seiner Stelle auf der Wiese läßt man ihn wieder hinunter. Dort wird er nach seiner Tat gelobt.

Ihn während seiner Aktion in der Wohnung zu schimpfen, hat wenig Sinn, er kann sie sowieso nicht mehr unterbrechen. Statt dessen sollte man besser beobachten und schneller reagieren. Langschläfer und träge Menschen sollten sich für diese Wochen dem Hund zuliebe umstellen.

Aus verschiedenen Gründen ist es nicht sinnvoll, den Welpen auf Zeitungen sein Geschäftchen erledigen zu lassen. Denn es ist ungleich schwieriger, dem Welpen den Unterschied zwischen Zeitung und Teppich deutlich zu machen, als zwischen drinnen und draußen.

Ein Hund bedeutet immer auch Arbeit! Wem es bereits zuviel Mühe bereitet, regelmäßig mit dem Welpen hinauszugehen, sollte sich die Anschaffung eines Hundes ernsthaft überlegen!

Alltag mit dem Hund

Spiel und Sport

Es gibt viele Möglichkeiten, Hunde sinnvoll zu beschäftigen. Spiel und Sport festigt das Vertrauen, man lernt sich gegenseitig besser kennen, und der Alltag wird abwechslungsreicher. Ein spielbereiter Hund gibt das Signal, daß er sich wohl und sicher fühlt. Heute gibt es viele Gelegenheiten, Hundesport zu betreiben, denn es gibt zahlreiche Hundeplätze, die ein buntes Programm anbieten. Dies ist natürlich nur den geselligen Menschen zu empfehlen. Aber es hat den Vorteil, daß man eben nicht allein ist und man neue Erfahrungen sammeln kann. Ein solcher Platz ist auch deshalb positiv, da der Hund mit Artgenossen konfrontiert wird, zusammen mit ihnen lernt und an den Umgang mit anderen Hunden gewöhnt wird.

Im Vordergrund aber steht die aktive Beschäftigung mit dem Hund. In der Regel werden Hunde seltener überfordert als unterfordert. Sie sollten bedenken, daß viele Hunde weitgehend in einer reizarmen Wohnung oder in einem Garten leben. Langeweile ist ein modernes Problem für Willy und Co., auch Hunde entwickeln psychische Krankheiten. Zerstörungswut, Unsauberkeit, Aggression, stundenlanges Heulen, sich selbst blutig nagen, sind zum Teil Symptome nicht ausgelasteter Vierbeiner. Natürlich können Sie Ihren Hund eine gewisse Zeit allein lassen, aber Sie sollten ihm dafür einen großen Teil Ihrer Freizeit widmen und sich mit ihm beschäftigen. Dann wird er, allein in der Wohnung gelassen, friedlich schlafen können.

Für gesunde und lauffreudige Tiere dürfte Agility, eine noch junge Sportart, ein echter Spaß sein. Das ist ein Hindernisrennen zusammen mit dem Hundehalter oder der -halterin, der Parcours ist immer wieder verschieden aufgebaut. Dadurch wird der Hund angeregt, selbst mitzudenken, aber dennoch weiter auf sein

»Herrchen« oder »Frauchen« zu achten und auf deren Kommandos. Sprünge, Balancieren, Slalomgehen und vieles mehr fördern die Geschicklichkeit. Man kann an Wettkämpfen teilnehmen und so vielleicht auch Lorbeeren für seine Mühe ernten. Mit Sicherheit aber erhält man durch das gemeinsame Training ein besseres Mensch-Hund-Verhältnis. Der Hund sollte jedoch mindestens eineinhalb Jahre alt sein, dann ist er wirklich ausgewachsen. Auch sollte er den Grundgehorsam beherrschen, da Agility ohne Leine stattfindet. Die Feinheiten lernt der Hund durch das Training. Dieser Sport bietet Fitneß, Gehorsam, Spaß und sinnvolle Beschäftigung.

Da Agility eine auch für den Menschen sehr bewegungsintensive Sportart ist, mag sich nicht jeder dazu hingezogen fühlen.

Wurfspiele in allen Formen sind dagegen bei den meisten Menschen und Hunden sehr beliebt. Sie rasen begeistert dem geworfenen Ball hinterher, und manche sind dabei unermüdlich. Wie Sie Ihrem Hund das Apportieren beibringen, können Sie ab Seite 126 nachlesen.

Suchen von Gegenständen ist für Hunde eine meist spannende Angelegenheit. Es erfordert von ihm Konzentration, will er zum Beispiel einen versteckten Ball finden. Man sollte jedoch eine Suchzeit von etwa zehn Minuten bei bereits geübten Hunden nicht überschreiten. Sonst verliert der Hund die Lust.

Hindernisse begehen oder überspringen fördert das Körperverständnis des Hundes. Er lernt, vorsichtig zu gehen, auf den Weg zu achten. Die Natur bietet dazu viel Gelegenheit. Gefällte Baumstämme sind ideale Klettersteige. Man sollte darauf achten, daß sie trocken sind, sonst besteht erhöhte Verletzungsgefahr, weil der Hund ausrutschen kann. Auch kann man ihn durch Röhren schicken oder unter niedrige Hindernisse hindurch. **Springen sollten jedoch nur gesunde Hunde mit dafür geeignetem Körperbau.** *Dackel, Bassets* **und andere »lange« Hunde mit kurzen Beinen dürfen nicht springen.**

Allgemein sollte man das Springen nicht übertreiben.

Ist der Hund noch kein Springer, ist es nicht ratsam, ihm das Springen beizubringen. Ein Hund, der sich über alle Zäune hinwegsetzt, ist weder für den Besitzer noch für den Nachbarn eine reine Freude...

Ein Hund kann lernen, verschiedene Gegenstände zu unterscheiden und sie mit dem entsprechenden Wort zu verbinden. Er kann also Schuhe bringen, seine Leine und anderes mehr. Wieder ist sein Mitdenken und seine Konzentration gefordert.

Lauffreudige und gesunde Hunde kann man mit dem Fahrrad begleiten. Der Hund darf nicht zu früh mit dem Rad trainiert werden, am besten beginnt man mit etwa zwölf Monaten. Man fängt mit kurzen Strecken an, die im Laufe der Zeit verlängert werden. Am besten ist es sicherlich, wenn der Hund dabei ohne Leine laufen darf. Oft ist das aber nicht möglich. Ist der Hund also an der Leine, wenn Sie mit dem Fahrrad fahren, muß er an der rechten Seite geführt werden, also der dem Verkehr abgewendeten Seite. Das Tempo bestimmt der Hund, der in einen typischen Trott fallen wird. Manche Hunde wollen aber einmal richtig Dampf ablassen und legen im vollen Galopp los. Da dabei jedoch sehr hohe Geschwindigkeiten erreicht werden können, ist das mit einem angeleinten Hund nicht ungefährlich. Der Hund sollte also lernen, an der Leine im Trott zu laufen.

Es ist sinnvoll, dem Hund während des Laufens neben dem Fahrrad an der Leine folgendes beizubringen: Er darf weder abrupt bremsen, noch irgendwelche Haken schlagen. Sonst befinden Sie sich samt Fahrrad sehr schnell am Boden... Zuerst also beginnen Sie mit einer kurzen Strecke von etwa 50–100 Metern auf einem ruhigen Weg. Sie beobachten genau Ihren Hund. Will er stehenbleiben, um zu schnüffeln, geben Sie ihm einen Ruck mit der Leine und rufen »Pfui«. Er lernt jedoch sehr bald, ordentlich zu laufen, wenn es ihm Spaß macht.

Ein wenig anders gestaltet sich das plötzliche Ausbrechen nach rechts, das meist absolut überraschend kommt. Neigt Ihr Hund in der Nähe von Artgenossen zu solchen Ausbrüchen, steigen Sie am besten ab und gehen das Stück zu Fuß.

Ein Hund, der gewöhnlich ohne zu ziehen an der Leine geht, wird es auch am Rad selten tun. Vor dem Radfahren ist also eine solide Ausbildung »am Boden« sehr hilfreich und notwendig. Zugstarke große Vierbeiner ohne Kenntnis der Leinenführigkeit sind gefährliche und ungeeignete Begleiter beim Radfahren.

Der Hund sollte so geführt werden, daß er weder vorn noch hinten um das Rad laufen kann. Eine Leine, die zwischen Rad und Schutzblech gerät, wirkt wie eine Vollbremsung! Die Räder blockieren und man fliegt höchst unsanft durch die Luft. Also – eine kürzere Leine verwenden!

Beton ist auf Dauer kein geeigneter Untergrund zum Laufen. Er schadet Bändern und Gelenken. Auch Schotterwege schmerzen den Hund beim Laufen. Besser sind Waldwege oder Wiesen.

Es gibt manche Menschen, die sich sehr aufregen, wenn man den Hund neben dem Fahrrad laufen läßt. Schnell wird man als Tierquäler beschimpft. Wenn man es übertreibt und den Hund tatsächlich überfordert oder in großer Hitze fährt, tut man dem Hund wirklich nichts Gutes. All jene aber, die sich über diese Form der Bewegung aufregen, sollen doch einmal einen kleinen Yorkshire samt »Frauchen« beobachten. Welche Gangart hat der Hund? Eben. Trott oder Galopp, weil »Frauchen« sich für seine Verhältnisse ebenso schnell fortbewegt wie der Radfahrer für seinen großen Hund.

Leider aber ist das Radfahren mit Hund im Sommer bei heißen Temperaturen sehr beliebt. Bei 25 Grad im Schatten sitzt der Besitzer oder die Besitzerin luftig gekleidet auf dem Fahrrad, während der Hund kurz vor dem Hitzschlag steht. Es sollte die Grundregel gelten, bei warmem Wetter nicht mit dem Rad zu fahren, sondern nur dann, wenn es kühl ist oder regnet. Dann ist der Hund fit genug, und es besteht auch nicht die Gefahr einer Überhitzung. Hunde regulieren ihren Wärmehaushalt über die Zunge. Außer zwischen den Pfoten schwitzen sie nicht. Ein Hitzestau ist schneller erreicht, als mancher denkt. Im Sommer verlegen Sie bitte Ihre Trainingsrunden also auf die Morgen- oder Abendstunden. Besonders wird es dem Hund gefallen, wenn man neben einem Bach oder See fahren kann.

Wobei wir schon bei dem nächsten beliebten Sport der Hunde angekommen sind: Schwimmen und Planschen. Fast alle Hunde lieben Wasser. Manche stürzen sich in jeden Fluß, andere sind bescheidener und waten nur ein wenig. Andere sind sehr viel zurückhaltender und weichem allem Naß lieber aus. Gehört Ihr Hund zu den Wasserratten, dann sollten Sie ihm besonders im Sommer dieses nasse Vergnügen gönnen. Leider ist das oft gar nicht so einfach. An manchen Seen ist das Mitbringen von Hunden während der Sommermonate nicht gestattet. Aber mit Hilfe einer Landkarte findet man manchmal noch »geheime« Weiher. Ruhige Flüsse und Bäche sind für den Hund aber ebenso lustig, und der Zugang ist nicht gesperrt. Schwimmt er gern, können Sie ihn Stöcke aus dem Wasser bringen lassen.

Beutespiele sind unter Hunden zwar sehr beliebt, aber für Menschen sind sie nur bedingt geeignet. Auch im Spiel werden die Machtverhältnisse ausgetestet. Ist also die Rangordnung nicht deutlich, werden Hunde manchmal ziemlich grob. Der Stärkere gewinnt. Man sollte in der Lage sein, mit »Schluß jetzt« das Spiel sofort abzubrechen, oder mit dem Kommando »Aus« sofort die Beute, also zum Beispiel den Ball, zu erhalten. Reagiert der Hund darauf nicht, muß man das gezielt üben und zunächst auf solche Spiele verzichten. Sonst verliert man schnell die Kontrolle, und dies merkt der Hund. Weiter können durch diese Art von Spielen unangenehme Situationen entstehen. Manche Hunde sind so begeistert, daß sie alles, was man in den Händen hat, zum Beispiel das Handtuch oder auch einen Stock, als ihre Beute betrachten. Wann immer sie Stöckchen sehen, wollen sie es haben, – auch wenn ein kleines Kind eins hat. Der Hund rennt hin und reißt dem Kind die »Beute« aus der Hand. Dieses kann dabei umgeworfen und verletzt werden, auch wenn der Hund das nicht wollte. Zumindest aber wird das Kind sehr erschrecken. Für solche Hunde sind Beutespiele nicht anzuraten. Haben Sie jedoch Ihren Hund unter Kontrolle, sind Beutespiele ein schöner Zeitvertreib. Immer wieder aber sollte man sich die Beute mit dem Kommando »Aus« geben lassen. Wird der Hund einmal zu wild, unterbricht man kurz das Spiel mit »Sitz«. Diese Kommandos sollen unseren Hund nicht tyrannisieren. Es ist im Gegenteil sehr sinnvoll, spielerisch gewisse Dinge zu üben. Denn das macht der Hund wirklich mit Freude, und uns macht es auch Spaß. Der Ball und die Beschäftigung sind dann die schönste Belohnung.

Kleine Kinder sollten jedoch nicht auf diese Weise mit dem Hund spielen. Ein großer Hund ist zu grob und kann das Kind unbeabsichtigt verletzen.

Raufspiele in jeder Form sollte man eher vermeiden. Erstens werden große Hunde zum Teil recht grob dabei, zweitens sollten Sie Ihren Hund nicht darin unterstützen, Menschen zu »beißen«, und sei es nur im Spiel. Wenn Sie mit Ihrem Hund fangen spielen und ihn auffordern, Sie dabei zu packen, kann es durchaus passieren, daß er den nächsten Jogger auch zu diesem Spiel auffordert.

Fast alle Hunde lieben Schnee. Nutzen Sie die Zeit im Winter zu ausgedehnten Spaziergängen. Im Schnee kann sich der Hund wälzen, kann buddeln, rutschen und vieles mehr.

Hunde erfinden noch viele andere Spiele. Sie sollten sich von ihnen des öfteren mitreißen lassen und sich und ihnen den Spaß gönnen. Spielen ist für einen Hund eine ideale Chance, überschüssige Energie abzubauen, mit Ihnen gemeinsam etwas zu unternehmen und beschäftigt zu sein. Und für Sie ist es die Möglichkeit, öfter einmal zu schmunzeln und Ihren Streß auf positive Weise abzubauen.

Mit Hilfe von Spielen lassen sich auch Verhaltensprobleme lösen. Spielerisch können Hunde sehr viel lernen. Und: Das Spiel verbindet. Egal, ob Sie nun Bälle werfen oder gemeinsam Hindernisse überspringen. Ihr Hund wird begeistert mit dabei sein.

Ein Hund braucht Bewegung. Aber man muß ihm auch sein Bedürfnis nach Ruhe zugestehen, muß seine Fähigkeiten und Ausdauer einschätzen lernen und seine persönlichen Grenzen akzeptieren.

Leben in der Familie

Wenn man als Single lebt, hat ein Hund in der Regel nur eine Bezugsperson. Ein wenig anders ist das innerhalb einer Familie. Es gibt keine Schwierigkeiten, wenn sich alle über die Behandlung von Timmy einig sind. Komplizierter wird es, werden unterschiedliche Meinungen vertreten.

Die Beziehungen der einzelnen »Rudelmitglieder« zueinander sind nicht die selben. Hunde haben ein sehr feines Gespür für Rangordnungen, und sie merken, daß die Kinder meist ziemlich weit unten stehen. Kleine Kinder fallen noch unter »Welpen« und werden als solche behandelt. Schwierigkeiten kann es geben, wenn das Kind älter und somit Konkurrenz in der Rangordnung wird. Das aber geschieht nicht plötzlich, sondern entwickelt sich langsam.

Kinder müssen lernen, mit dem Hund richtig umzugehen und ihn zu respektieren. In der Regel werden zwar die Eltern den Hund erziehen, aber die Kinder sollten mit einbezogen werden, besonders, wenn sie es waren, die den Ausschlag für die Anschaffung des Hundes gaben. Auch sie also trainieren mit dem Hund unter Aufsicht und Anleitung ihrer Eltern. Dadurch weiß der Hund, wo sein Platz ist.

Ein in der Familie aufgewachsener Hund, der verstanden wird, seine Bedürfnisse ausleben kann und eine geduldige Erziehung genießt, wird mit Kindern – auch fremden – kaum Probleme haben.

Man sollte sich darauf einigen, was der Hund darf und was nicht. Auch die Kommandos sollten von allen gleich benutzt werden und dasselbe bedeuten. Zwar weiß Timmy, wer ihm so manches durchgehen läßt, wer konsequent ist und wer nicht. Es kann sehr wohl sein, daß er der Mutter gehorcht, aber bei den Kindern doch bettelt, weil sie immer wieder mal ein Stückchen »aus Versehen« fallen lassen. Und wenn ihn der Vater ruft, überhört es Timmy…

Ein einheitliches Konzept sorgt auch für den Frieden in der Familie. Gemeinsam sollte man sich in aller Ruhe darüber einigen, was Timmy lernen soll, was er nicht machen darf und wer ihn wann ausführt. So läßt sich Streit vermeiden, der manchmal auch auf Kosten des Hundes geführt werden kann. Dann nämlich, wenn jeder versucht, Recht zu behalten. Der Vater läßt Timmy auf die Couch, die Mutter scheucht ihn wütend wieder hinunter und Timmy ist verwirrt.

Kleine Kinder sind noch nicht in der Lage, einen Hund alleine spazierenzuführen. Darüber sollten sich die Eltern im klaren sein. Auch wenn Timmy eigentlich der Tochter oder dem Sohn gehört, so tragen doch wir Erwachsenen die Verantwortung. Sie auf die Kinder zu übertragen, kann diese überfordern. Dann verlieren sie vielleicht sehr schnell die Lust an ihrem neuen Freund.

Lebt bereits ein Hund im Haus, und man erwartet Zuwachs, ist es wichtig, den Hund dann nicht plötzlich zu vernachlässigen, wenn das Baby da ist. Hier können manche Eifersuchtsdramen oder auch Verhaltensauffälligkeiten, wie plötzliche Unsauberkeit etc. entstehen. Sicher ist es nicht immer einfach, Kind und Hund unter einen Hut zu bringen. Dennoch sollte dem Hund auch weiterhin genügend Aufmerksamkeit geschenkt werden, damit er sich nicht zurückgestoßen fühlen muß.

Der Hund ist nicht Wächter des Kleinkindes. Er wird es zwar vielleicht beschützen wollen, dennoch darf man niemals kleine Kinder mit einem Hund unbeaufsichtigt alleinlassen – gleichgültig, wie vertraut und friedlich die beiden auch zusammenleben mögen.

Dies auch deshalb, da der Hund neben Gefühlen eben auch Instinkte hat. Er könnte plötzlich zubeißen, wenn er vom Kind erschreckt wird, könnte auch unvorhersehbar reagieren, wenn das Kind stürzt oder unvermittelt den Hund an der Rute packt. Kinder können – ohne daß es ihnen bewußt ist – recht grausam werden. Sie zerren den Hund, ziehen an seinen Ohren, ziehen ihm Kleider an, setzen ihn in den Puppenwagen etc. Sie haben selbst noch kein Gespür dafür entwickelt, was anderen Schmerzen verursacht oder nicht. Es ist hier die Verantwortung der Erwachsenen, dafür zu sorgen, daß der Hund auch seine Ruhe hat und nicht als Spielzeug behandelt wird.

Aber wenn Kinder lernen, Hunde als fühlende Lebewesen zu respektieren, dann werden sie gemeinsam die Welt entdecken und vieles zusammen erleben.

Akzeptieren Hunde andere Haustiere?

Vögel, Mäuse, Meerschweinchen und andere kleine Haustiere sind für den Hund Beutetiere. Sie sollten also nicht nur daran denken, wie Sie den Hund davon abhalten können, diese Tiere zu fressen, sondern sollten auch an die Kleintiere denken. Eingesperrt in einen Käfig haben sie keine Fluchtmöglichkeit! Allein der Geruch eines Hundes kann sie in Angststarre versetzen, der Anblick in Panik. Sehr zahme Tiere, die Ihrer Hand vertrauen, neigen zur Neugierde und wagen durchaus ein Schnüffeln. Ein Welpe wird fast immer danach schnappen. Selbst wenn es ein lustiges Spiel werden soll – für die Maus ist das Streß oder auch der letzte Atemzug.

Wichtig ist also, daß der Hund nicht unbeaufsichtigt im selben Zimmer wie das andere Tier ist. Durch Kratzen am Käfiggitter oder sogar Bellen wird zum Beispiel der Hamster sehr erschrecken. Mit der Zeit und mit Geduld kann sich das kleine Tier durchaus an Hunde gewöhnen, schließlich wird es auch Menschen gegenüber zahm. Unbeaufsichtigt sollte man die beiden dennoch nie alleine lassen!

Hund und Katze können sehr gut miteinander auskommen. Die immer wieder zitierten Verständigungsschwierigkeiten aufgrund einer gegensätzlichen Körpersprache sind meiner Ansicht nach weniger der Grund, wenn sie wie »Hund und Katz'« sind. Der Hund sieht eine Katze. Diese flüchtet. Der Hund hetzt hinterher, die Katze ist in diesem Fall jagdbare Beute. Die Körpersprache ist hierbei absolut unwichtig!

Oder aber die Katze bleibt sitzen. Spannung im Hund. Neugierig und doch vorsichtig nähert er sich. Die sich bedroht fühlende

Katze fährt ihm sehr schnell über die Nase. Die Erfahrung für den Hund: Katze tut weh. Dennoch ist sie weiter interessant. Im Konflikt, eigentlich wieder hinzugehen, aber um die Erfahrung reicher, daß das schmerzhaft ist, bellen viele Hunde. Der Katze wird dies zu bunt. Sie faucht, droht mit der Pfote und verzieht sich. Der Hund hinterher, er will seine Neugierde unbedingt befriedigen. Er versucht nun Spielaufforderungen, springt Richtung Katze und wieder – patsch. Nun reicht es vorerst auch dem Hund. So geht das eine Zeitlang. Der Hund wird sich auf Dauer beruhigen, die Katze in Frieden lassen und sich ihr nur langsam nähern. Die Katze merkt, daß sie sicher ist und wird sich an den Hund gewöhnen. Der Hund lernt die Sprache der Katze verstehen und umgekehrt. Daß die erhobene Pfote Schmerz bedeutet, lernt er bereits nach dem ersten Mal.

So oder so ähnlich wird es aussehen, wenn man Katze und Hund zusammenführen will. Wenn es heißt, am besten seien dafür zwei Jungtiere, so ist das in der Regel sicher richtig. Ein großer und lebhafter Welpe wird allerdings einer Katze bald zu viel.

Zu einer bereits im Haus lebenden Katze einen Hund zu holen, muß sehr behutsam angegangen werden. Katzen sind sehr eigen. Sie akzeptieren nicht so unbedingt einen Neuzugang und reagieren manches Mal mit Urinieren in die Wohnung. Ob eine Katze den Hund akzeptiert, stellt sich natürlich erst heraus, wenn man ihn bereits hat. Nicht hundegeeignet sind sehr ängstliche Katzen oder solche, die bereits schlechte Erfahrungen mit Hunden gemacht haben. Auch Sensibelchen oder stark auf Menschen fixierte Katzen können Schwierigkeiten machen. Eine aufgeschlossene, neugierige Katze aber kann sich in der Regel gut mit Hunden abfinden.

Einen großen, erwachsenen Hund zu einer bereits vorhandenen Katze dazuzunehmen, ist nicht immer ratsam. Man kennt den Hund nicht und weiß auch nicht, wie er auf die Katze reagiert. Das Aneinandergewöhnen kann recht problematisch werden. Es ist unverantwortlich, dann den Hund wieder zurückzugeben.

Aber auch mit Katzen aufgewachsene Hunde finden sich in den Tierheimen. Dennoch ist das keine Garantie, daß sich die beiden

Tiere vertragen. Es ist also das Sicherste, in diesem Fall einen Welpen aufzunehmen oder einen kleinwüchsigen Hund.

Bei dem umgekehrten Fall – Katze kommt zu Hund – sollte die Katze alt genug sein, um sich im Notfall verteidigen zu können. Es sei denn, Sie wissen aus Erfahrung, daß Ihr Hund jungen Katzen nichts tut.

Nun hat aber die Katze doppelten Streß: das Gewöhnen an einen Hund und die Umstellung auf eine fremde Umgebung. Man sollte die Katze also gut auswählen: So sollte sie nicht menschenscheu sein. Das beste ist, wenn sie so viel Vertrauen zu Menschen hat, daß Sie sie bereits im Tierheim oder in ihrem bisherigen Zuhause streicheln können. Wenn sie bereits an Hunde gewöhnt war, ist es noch besser. Kommt die Katze das erstemal in ihr neues Zuhause, sollte der Hund zunächst nicht anwesend sein – das würde die Katze zu sehr aufregen. Am besten, Sie stellen den Korb mit der Katze erhöht ab, öffnen ihn und lassen den neuen Hausgenossen erstmal allein. Man sollte ihm mehrere Stunden geben, sich die Wohnung zu »erobern«, sich an den Hundegeruch zu gewöhnen.

Kommen Sie dann mit dem Hund wieder zurück und führen ihn an der Leine in die Wohnung, bis Sie sicher sind, daß die Katze an einem geschützten Ort sitzt. Gut ist, wenn man bereits vorher einen guten und stabilen Katzenbaum angeschafft hat, auf den sich die Katze flüchten kann. Dann lassen Sie den Hund los. Das wird ziemlich aufregend, aber solange die Katze nicht gefährdet oder zu sehr bedrängt ist, sollten Sie sich nicht einmischen. Je mehr Sie nämlich den Hund von dem Neuzugang fernhalten, um so interessanter wird er. Am besten setzen Sie sich ruhig hin und beobachten alles. Nachts sollten Sie beide noch trennen, man weiß ja nie... Aber nach einigen Tagen werden sich die Tiere aneinander gewöhnt haben.

Meine beiden Hunde waren zwei und acht Jahre alt, als ich eine zehnjährige Katze bei mir aufnahm. Die ersten Tage waren etwas turbulent, doch dann normalisierte sich alles. Heute schlafen sie oft gemeinsam im Hundebett. Der Husky betrachtet die Katze als eine Art Artgenossen. Er verteidigt sein Futter vor ihr, fordert sie zu Spielen auf. Hat die Katze Lust, macht sie mit. Dennoch verstehen sich meine Hunde nicht mit fremden Katzen! Sie akzeptieren nur ihre »eigene«.

Wer versorgt den Hund im Urlaub?

Urlaub ist die schönste Zeit. Hoffentlich auch für den Hund. Im besten Fall kann man ihn mitnehmen, aber leider ist dies nicht immer möglich. Dann will der Hund natürlich dennoch gut versorgt sein. Es bieten sich zwei Möglichkeiten: Bekannte, die den Hund betreuen oder eine Hundepension.

Bekannte als Urlaubsbetreuer sind für Hunde geeignet, die relativ umgänglich und nicht nur auf Sie fixiert sind.

Es ist zu beachten, daß Ihnen der Hund vielleicht gehorcht, aber nicht unbedingt auch anderen Menschen. Deshalb sollte er von der Urlaubsvertretung grundsätzlich an der Leine ausgeführt werden. Weiterhin ist ein Testwochenende unumgänglich! Sie selbst sollten für Notfälle erreichbar sein. Nur so kann man feststellen, ob sich der Pfleger oder die Pflegerin und der Hund auch einigen können. Und der Vierbeiner weiß, daß er wieder abgeholt wird. Bei Betreuern mit eigenem Hund muß getestet werden, ob sich die beiden Tiere auch vertragen.

Eine Hündin sollte während dieser Zeit nicht gerade läufig sein; Sie würden den netten Bekannten unnötig viel zumuten.

Geben Sie dem Bekannten ausreichend Futter, die Adresse Ihres Tierarztes, Geld für Notfälle, den Impfpaß, Leine, Halsband, vertraute Decke, Spielzeug und Freßnapf mit.

Je näher sich Betreuer und Hund kennen, um so besser werden sie die Zeit miteinander verbringen. Hat Ihr Bekannter oder Ihre Bekannte dazu Lust, ist es sinnvoll, den Hund dort gelegentlich übernachten zu lassen oder ihn auf einen Spaziergang mitzugeben.

Schwierige Hunde sind dagegen besser in einer Hundepension untergebracht.

Wieder ist ein Probewochenende notwendig. Sie können dann sehen, ob Ihr Hund einen ungewohnten Zwingeraufenthalt verkraftet. Manche Hunde verhalten sich nämlich in fremder Umgebung ganz anders als zu Hause. Sie verweigern das Futter, beginnen zu beißen oder sind extrem eingeschüchtert. Andere dagegen lassen sich davon überhaupt nicht beeindrucken. Pensionen sind außerdem teuer, und nicht jede ist gut. Hier sind einige Kriterien, auf die man achten sollte:

- Die Zwinger sollten ausreichend hoch gebaut sein, sonst springt so mancher Hund über den Zaun und ist auf Nimmerwiedersehen verschwunden. Geben Sie unbedingt an, wenn Ihr Hund gern springt!

- Eine Fünffach-Impfung ist unumgänglich, um den Hund vor Krankheiten zu schützen. Wird von Ihrem Hund also kein Impfpass gefordert, entscheiden Sie sich gegen diese Hundepension!

- Die Zwinger sollten sauber sein. Sehen Sie sich in Ruhe alle Räume an. Wird Ihnen der Zugang verwehrt, Hände weg! Denn manche Pensionen haben zwar groß erscheinende Zwingeranlagen, aber sehr kleine Schlafboxen. Angeblich sind dort die Hunde nur über Nacht, in Wirklichkeit aber sperrt man sie oft darin zum Teil stundenlang ein.

- Alle Zwinger sollten Schattenplätze aufweisen. Sehen Sie sich also die ganze Anlage an. Zum Teil gibt es zwar sehr beeindruckende »Vorzeigezwinger«, die versteckten, weiter hinten angebrachten, lassen aber sehr zu wünschen übrig.

- Besuchen Sie die Hundepension vorher bereits zur Haupturlaubszeit. Finden Sie überfüllte Zwinger vor, in denen sich die Hunde nur so tummeln, ist für die Pensionsleitung das Geld wichtiger. Aus dieser Enge heraus können sich üble Raufereien entwickeln.

- Beobachten Sie nach Möglichkeit den Umgang des Pflegepersonals mit den ihnen anvertrauten Hunden.

- Wenn Sie mit allem zufrieden sind und ihren Hund in einer Hundepension unterbringen möchten, melden Sie ihn frühzeitig an.

- Geben Sie eventuell notwendige Medikamente mit und spezielles Diätfutter, wenn Ihr Hund es braucht.

- Geben Sie Krankheiten Ihres Hundes an.

Sagen Sie es unbedingt, falls Ihr Hund epileptische Anfälle hat. Dies ist wichtig. Denn andere Hunde attackieren ihn sonst, wenn er einen Anfall hat und verletzen ihn dabei schwer. Ein epileptischer Hund darf nicht mit anderen, fremden Hunden in einen Zwinger!

- Nennen Sie bei einer Hündin den erwarteten Zeitpunkt der Läufigkeit. Sonst gibt es unverhofft ein »Hundeglück«.

Was ein Hund empfindet, wenn er plötzlich von uns getrennt wird, ist schwer zu sagen. Es ist deshalb sinnvoll, ihn rechtzeitig daran zu gewöhnen. So wird er nicht unvermittelt aus seiner gewohnten Umgebung gerissen. Schließlich können Sie auch einmal krank werden, oder es können andere unvorhersagbare Ereignisse eintreten. Es ist dann eine große Erleichterung, wenn Sie für diese Fälle vorgesorgt haben und wissen, wohin Sie Ihren Hund bringen können.

Freßverhalten und Von-der-Straße-fressen

Ob Dose, Trockenfutter oder Selbstgekochtes – manche Hunde sind schlechte Fresser. Es gibt einige Ursachen wie psychische Störungen oder Krankheiten. Ist ersteres der Fall, sollten Sie die Lebensumstände des Hundes verbessern, im zweiten ziehen Sie den Tierarzt zu Rate. Auch zu wenig Bewegung kann ein Grund sein.

Fallen diese Gründe weg, und der Hund ist trotzdem ein schlechter Fresser, so liegt das an der Erziehung. Ein Hund ohne menschliche Obhut wird alles fressen was er finden kann. Menschen aber bringen Hunden bei, daß sie eben nicht hungern müssen, auch wenn sie wählerisch sind. Wird der Hund in bezug auf das Fressen zu sehr verwöhnt, sollte man sich nicht wundern, wenn man sich ständig Gedanken machen muß, was Timmy denn nun heute wieder gern hätte...

Wer verhindern möchte, daß sein Hund »mäkelt«, muß am Anfang sehr hart bleiben. Große Hunde werden zwei- bis dreimal am Tag gefüttert, kleine ein- bis zweimal. Dazwischen gibt es nichts. Wirklich nichts.

Stellen Sie Ihrem Hund den Napf hin. Was nicht innerhalb von einer Viertelstunde aufgefressen wird, räumen Sie weg. Am Abend erhält der Hund diese Schüssel wieder für eine Viertelstunde (nicht direkt aus dem Kühlschrank, sondern zimmerwarm!). Wenn Sie so über längere Zeit vorgehen, und der Hund ändert sich nicht, legen Sie einmal pro Woche einen Fastentag ein, wenn es die Gesundheit des Hundes erlaubt. Dadurch ist ihm die Sicherheit, immer etwas zu fressen zu erhalten, genommen. Wichtig ist, ihm nichts anderes zu geben als das Fressen in seinem Napf. Sonst wickelt er Sie doch wieder um den Finger... Er soll begreifen, daß es nichts anderes gibt, und auch das nur für begrenzte Zeit. Wenn er nicht frißt, ist er selbst schuld und geht mit hungrigem Magen schlafen. Dies schadet ihm nicht. Sind Sie hartnäckiger als er, wird er bald normal fressen.

Daß Hunde gern alles fressen, was auf der Straße oder im Gebüsch herrumliegt, ist ein allgemeines Problem. Ein gesunder Hund verdirbt sich zwar nicht so leicht den Magen, aber die Gefahr, Gift aufzunehmen, ist groß. Deshalb sollten Sie es unterbinden. Es ist ein absolutes Verbot, und dementsprechend sollten Sie es durchsetzen. Sobald der Hund also von der Straße fressen will, werfen Sie die Wurfkette (z. B. ein Kettenhalsband) neben ihn. Wenn Sie dies über längere Zeit machen, wird ihm das »Räubern« bald vergehen. Wichtig ist aber, nicht erst beim bereits fressenden Hund die Kette zu werfen, denn dann kann er noch schnell alles hinunterschlucken, und dafür nimmt mancher den Wurf in Kauf. Sie müssen werfen, wenn er gerade beginnen will zu fressen. Dazu müssen Sie aber den Hund gut beobachten, um nicht gewöhnliches Schnüffeln mit Fressenwollen zu verwechseln.

Um sicher zu sein, können Sie auch einen Weg mit Würsten o. ä. präparieren und ihn anschließend mit dem Hund ablaufen. Sie können nun beobachten, wie sich Ihr Hund verhält und entsprechend schnell reagieren.

Bürsten als Sozialkontakt

Für einige Hunde ist das Gebürstetwerden ein täglicher Kampf, einige knurren oder beißen sogar. Es kann sich hierbei entweder um einen dominanten Vierbeiner handeln, der sich nicht ohne weiteres berühren läßt oder um einen, der mit Bürsten, Kämmen und sonstigem Werkzeug nicht die schönsten Erfahrungen gesammelt hat. Doch Bürsten ist mehr als nur notwendige Körperpflege. Es ist ein intensiver Körperkontakt, der im Idealfall wohlige Zufriedenheit bei Timmy und Lisa auslöst. Es gibt dem Hund die Gelegenheit, wirklich zu entspannen und dieses positive Gefühl wird er mit Ihnen verbinden. Auch auf Sie kann es beruhigend wirken, wenn Sie sich die Zeit dazu nehmen.

Wichtigste Voraussetzung dafür, daß Lisa eine Bürstenfreundin wird, ist das geeignete Handwerkszeug. Jedes Hundefell verlangt nach einem speziellen Kamm. Haarbürsten sind weniger geeignet, da man mit ihnen meist nur das obere Fell erreicht, nicht aber die Unterwolle herausbürsten kann. Stark verfilzte Hunde sollte man erst einmal scheren lassen. Denn es würde Stunden dauern, wenn man solche Hunde mit Kamm und Schere bearbeiten würde. Diese Prozedur kann zum Teil schmerzhaft werden. Möchte man den Hund nicht scheren lassen, so benötigt man einen speziellen Filzkamm und eine gute Schere. Außerdem sollte man diese Aktion auf mehrere Tage verteilen.

Welcher Kamm für Ihren Hund der geeignetste ist, erfahren Sie im Fachgeschäft.

Nun können Sie beginnen, dem Hund das Bürsten zu versüßen. Sie sollten selbst in einer ruhigen Stimmung sein, damit Sie die notwendige Geduld aufbringen können. Günstig ist es, wenn Ihr Hund sich auf Kommando auf die Seite legen kann, zumindest aber hinsetzt. So hält er nämlich still. Kann er es nicht, dann müssen Sie ihn festhalten.

Nun beginnen Sie, mit einer weichen Bürste, Lisa sanft zu striegeln – und zwar an Stellen, an denen sie sich gewöhnlich gerne kraulen läßt. Das ist meist hinter den Ohren, am Hals und am Bauch. Sie striegeln ganz ruhig und entspannt und loben sie. Sie hören damit aber bald auf, auch wenn sie es genossen hat. Zum Schluß streichen Sie mit den Händen über den gesamten Hundekörper, von der Nase bis zur Rute, auch die Beine entlang.

Wenn der Hund dieses Striegeln angenehm findet oder zumindest duldet, greifen Sie zum geeigneten Kamm. Zart beginnen Sie wieder mit den angenehmen Stellen.

Sie ziehen den Kamm langsam durch das Fell und streicheln beruhigend mit der Hand. Mit der Zeit wird sich auch Lisa mehr und mehr entspannen.

Wichtig ist, beim Bürsten behutsam und ruhig vorzugehen und viel Zeit einzukalkulieren.

Bleiben Sie mit dem Kamm im Fell hängen, reißen Sie nicht grob daran, sondern greifen im Notfall zur Schere. Am Bauch und an den Hüften sind Hunde besonders empfindlich.

Bürsten ist intensiver Sozialkontakt. Sie sollten sich die Mühe geben, dies nicht zur unangenehmen Erfahrung für den Hund werden zu lassen.

Wer keine Lust hat, sich durch langes Hundefell zu arbeiten, sollte sich von vornherein für ein kurzhaariges Tier entscheiden! Hier genügt das Striegeln mit einer weichen Bürste oder einem Gumminoppenstriegel, und das Fell kann auch nicht verfilzen oder verwahrlosen.

Wichtige Hinweise
vor der Erziehung

Hundeschulen und Hundeausbilder

In einigen der folgenden Kapitel werde ich vorschlagen, fachliche Hilfe aufzusuchen. Denn wenn ein Hund Probleme macht, dann hat das ja Ursachen. Durch schlechte Erfahrungen, durch zu wenig Erfahrungen oder aber durch Sie selbst kann es zu Verhaltensweisen des Hundes kommen, die Sie überfordern. Hunde umzuziehen erfordert Wissen, Geduld und Fingerspitzengefühl. Man muß abschätzen können, was man welchem Hund in welchem Maße zumuten kann. Eine Methode kann für den einen Hund die absolute Lösung sein, für den anderen nicht. Jeder Hund ist verschieden – und jeder Mensch, der hinter ihm steht. In der Hundeschule oder beim Ausbilder lernt hauptsächlich der Mensch! Nämlich, wie er auf genau diesen seinen eigenen Hund reagieren sollte – und wie nicht. Deshalb kann es gar keine Patentrezepte für alle Hunde geben.

Den Weg zum eigenen Hund findet aber so mancher nicht alleine. Und auch die eigenen Fehler merkt man meist nicht von selbst. In schwierigen Fällen ist also der Gang zum Fachmann anzuraten.

Geben Sie Ihren Hund nicht alleine zur Ausbildung. Zwar lernt er hier seine »Fächer«, aber Sie können ihn nicht beobachten, sich nicht mit ihm zusammen ändern und weiterentwickeln, und bald ist wieder alles beim Alten. Gehen Sie also bitte mit in den Unterricht.

Wann geht man auf den Hundeplatz und nimmt einen Kurs, wann geht man besser zum Einzelausbilder?

Einzelstunden sind teuer und dann notwendig, wenn man gar nicht zurechtkommt und der Hund beginnt, Probleme zu machen. Der Vorteil liegt darin, daß Sie einen individuellen Unterricht erhalten.

Auf dem Hundeplatz lernt man, wie man seinem Hund etwas beibringen kann; auch gezielte Kurse, z. B. für Begleithunde sind möglich. Der Vorteil ist, daß es erst einmal weniger kostet. Oft werden auch Welpenspielgruppen, Grundkurse, Aufbaukurse angeboten. Man hat also eine gute Möglichkeit, gemeinsam mit anderen unter fachlicher Leitung den Umgang mit Hunden zu lernen. Der Nachteil ist, daß Problemhunde häufig unerwünscht sind und auch nicht individuell ausgebildet werden. Meist sind Prüfungen das Ausbildungsziel, und weniger die Beherrschung von Alltagsproblemen. Der Hundeplatz ist also nur eingeschränkt zu empfehlen, wenn man Schwierigkeiten hat.

Hundeschulen sind nur in Notfällen sinnvoll. Niemals sollte man seinen Hund alleine dort hingeben! Man kann meist Einzel- oder Gruppenunterricht wählen, und auch Urlaubskurse werden angeboten.

Der Beruf »Hundeausbilder« ist in Deutschland übrigens nicht geschützt, und es gibt keine geregelte Ausbildung dafür. Im Klartext: Jeder kann sich theoretisch als solcher ausgeben! Deshalb sollte man durchaus kritisch bleiben und Methoden wie Teletakt oder Stachelhalsband ablehnen!

Wie lernt der Hund?

Sie sitzen gemütlich bei Tisch und essen ein saftiges Steak. Angezogen von dem leckeren Geruch naht Timmy. Zuerst ignorieren Sie ihn, doch sein lieber Blick... Beim nächsten Mal rennt er schon herbei, wenn Sie erst den Tisch decken, und bald ist er ein sehr kluger Bettler geworden. Das Lernziel ist also erreicht... Im Hund läuft in etwa folgendes ab: Sie, der Boss, haben Eßbares. Nach Hundemanier wartet er mit mehr oder weniger Respekt auf Reste, die übrigbleiben. Sein Warten wird aber erstaunlicherweise mit Futter belohnt. Er lernt also: »Sitze ich da und warte, bekomme ich meine Belohnung.« Dieses Verhalten wird zur Gewohnheit, in Erwartungshaltung beginnt er zu sabbern und zu winseln, zu kratzen und zu bellen. Um ihn zu »beruhigen«, erhält er immer wieder, während Sie essen, einen kleinen Brocken. Kommen Gäste, schämen Sie sich vielleicht, doch eigentlich sollten Sie stolz auf Ihr Erziehungsergebnis sein. Konsequent, wie Sie waren, haben Sie ihm etwas Neues beigebracht. Denn Hunde teilen nicht! Der ranghöhere Hund frißt, bis er nicht mehr kann, der unter ihm steht, wartet und bekommt den Rest. Umgekehrt aber: Gibt man dem rangniedrigeren Hund Futter, kommt der ältere Hund und jagt ihn weg. Sie ermutigen Ihren Bettler also geradezu, Sie vom »Futter« wegzutreiben und geben ihm dadurch vielleicht eine erhöhte Stellung im Rudel, die das Zusammenleben deutlich erschweren kann. Der Hund lernt im Grunde äußerst logisch. Wie der Mensch strebt auch er nach dem Positiven. Für ihn ist das zum Beispiel Lob, Streicheln, Spielen und Fressen. Negatives versucht er zu vermeiden, also Strafe, Schmerzen und dergleichen.

> Lob oder Strafe müssen immer sofort im Anschluß an die jeweilige »Tat« erfolgen.

Ein Hund ist nicht fähig, in menschlicher Logik zu denken. Hat ein Kind etwas angestellt, kann seine Mutter es rufen, auf die Missetat zeigen, die vielleicht schon Stunden oder Tage zurückliegt, und das Kind dafür schimpfen. Pädagogisch eventuell unklug, aber dennoch weiß das Kind, worum es geht. Ein Hund kann das nicht. Zeigen Sie ihm also die Reste der geliebten Hose, die er während Sie nicht da waren, zerrissen hat, und brüllen ihn an, wird er zwar wie mit einem schlechten Gewissen reagieren, aber trotzdem nichts begreifen. Die nächste Hose wird seinen Zähnen trotzdem zum Opfer fallen. Einfaches Denken also ist angesagt, wenn Sie sich Ihrem Hund verständlich machen wollen. Es geht um Erkennen und sofortige Reaktion. Beobachten und Voraussehen sind Lektionen, die Sie dazu lernen müssen.

Rangordnung zwischen Mensch und Hund

Es gibt nur wenig Hunde, die immer wieder versuchen, den ersten Platz einzunehmen. Meist sind es die Menschen selbst, die den Hund anspornen, sie zu verdrängen, weil sie Grundsätze mißachten. Übungen wie »Sitz« oder »Platz« usw. können zwar nützlich sein und sind häufig auch notwendig, um Ihre Position zu sichern, wichtiger aber sind die Feinheiten, mit denen Sie Timmy und Bella zeigen, daß Sie den Ton angeben und die Regeln bestimmen.

Sobald man einem anderen Menschen begegnet, schätzt man ihn ein. Ob er sympathisch ist, wie er auf einen wirkt, ob er bedrohlich oder freundlich erscheint und vieles mehr. Betrachten Sie nun eine kleine Gruppe von Menschen, wird sich auch unter ihnen eine Rangordnung zeigen. Beim Mensch-Hund-»Rudel« ist es nicht sehr viel anders. Nachfolgende »Regeln« und zum Teil auch die Unterordnungsübungen helfen Ihnen dabei, die Rangordnung herzustellen.

> Eine Rangordnung, die vom Hund respektiert wird, erreichen Sie nur dann, wenn Sie sicher in Ihren Entscheidungen sind, wenn Sie konsequent bleiben und neben Ihren Bedürfnissen die des Hundes nicht mißachten, kurz: wenn Sie sich Vertrauen verdienen.

Stellen Sie sich vor, Sie hätten ein Kind, das lernen soll, von einem Brett ins Wasser zu springen. Es traut sich aber nicht und will nicht. So gehen Sie ins Wasser, rufen Ihr Kind und sagen ihm, daß Sie es auffangen. Das Kind springt ins Wasser, da es weiß, daß es Ihnen vertrauen kann, daß Sie Ihr Wort halten und meinen, was Sie sagen. Sie geben ihm Sicherheit. Es weiß, daß nichts passieren wird, da Sie da sind.

Dieses Vertrauen kann sich nur dann bilden, wenn man zuverlässig ist. Ein konsequenter Mensch gibt Sicherheit. Und das brauchen Hunde: einen Menschen, an dem sie sich orientieren können.

Folgende Beispiele können Möglichkeiten sein, Ihren oberen Platz »symbolisch« auszudrücken.

Ihr Bett: Ihr Heiligtum

Das Bett ist ein idealer Schlafplatz. Es ist hoch, weich und warm. Jeder Hund liebt es, besonders ein kleiner Welpe. Gerade noch war er mit Mutter und Geschwistern zusammen, und nun soll er einsam und verlassen, in fremder Umgebung alleine schlafen. Was dieser kleine Kerl dabei empfindet, ist nicht zu überhören. Er schreit, weint und fiept entsetzlich. Man kann sich nun entschließen, den Hund mit ins Bett zu nehmen – und zwar für immer. Für den Welpen eine wundervolle Idee.

Die andere Möglichkeit ist, den kleinen Knopf mit seinem Geschrei zu ignorieren, ihn seinem Schicksal zu überlassen, denn nach ein oder zwei Nächten wird er merken, daß sein Toben vergebens ist. Ich behaupte aber, daß das nicht artgerecht ist. Wäre der Welpe nämlich weiter bei seiner Hundefamilie geblieben, würde er friedlich träumend im Knäuel seiner Geschwister schlafen. Es ist nicht seine Schuld, daß er seiner Familie entrissen wurde, in einem Alter, da diese Trennung naturgemäß nicht stattfindet.

Man sollte nach einem Kompromiß suchen, der sowohl die Bedürfnisse des Hundes als auch die eigenen berücksichtigt. Eine tickende Uhr und eine Wärmeflasche unter der Decke im Hundekorb werden empfohlen; damit soll der Welpe kein Gefühl der Einsamkeit erleiden und sich durch die Wärme geborgen fühlen.

Ich selbst habe versucht, den Weg der Natur einzuschlagen – und zwar von folgender Überlegung ausgehend: Welpen kuscheln sich noch dicht aneinander, doch im Laufe der Zeit entwickeln sie ihre Individualdistanz und schlafen immer weiter auseinander. Erwachsene Hunde schließlich schlafen jeder für sich. Also kam mein Welpe zunächst mit ins Bett. Er schlief selig, ruhig und fest. Mit der Zeit aber verließ er immer öfter von sich aus das

Bett, bis er irgendwann alleine schlafen konnte. Ein wenig habe ich dabei nachgeholfen. Ich habe ihn mit meiner Decke zugedeckt und weiter keine Rücksicht darauf genommen, wo er liegt. Es ist ihm auf Dauer einfach zu unbequem geworden. Inzwischen schläft er längst in seinem eigenen Hundekorb.

Weiter ist es wohl auch eine Frage der Erziehung und eben der Rangordnung, ob sich der erwachsene Hund allzu selbstsicher einfach neben uns hinlegt. Betrachtet man wieder die Welt der Hunde, ist es konsequent, den jungen Hund ins Bett zu lassen, nicht aber den heranreifenden. Ein Welpe hat in gewisser Hinsicht noch Narrenfreiheit; er darf sich Dinge erlauben, die ein erwachsener Hund nie tun dürfte. Erst mit der Zeit wird der Jüngling in die Rangordnung mit eingegliedert. Als mein Husky noch ein Welpe war, fraß er sein Futter sehr schnell auf, marschierte dann zum Napf des älteren Hundes und fraß dort wie selbstverständlich mit. Doch als er dann allmählich erwachsen wurde, duldete dies der andere nicht mehr. Dasselbe spielte sich mit dem begehrten Hundekorb ab. Der Kleine legte sich einfach mit dazu, der andere ging, wenn es ihm zuviel wurde. Jetzt gilt die Regel: Wer zuerst im Korb liegt, bleibt drin. Und zwar allein.

Das heißt natürlich nicht, daß man dem Welpen alles erlaubt, was man ihm dann später verbietet, oder daß man ihn nicht in kleinen Schritten erziehen sollte. Wem diese Art »Schlaferziehung« zu kompliziert oder zu unhygienisch ist, der kann sich für die tickende Uhr entscheiden, den Hundekorb neben sein Bett stellen. Er hat wahrscheinlich auch eine ruhige Nacht.

Erwähnen möchte ich noch, daß erwachsene Hunde, die sich jede Nacht quer ins Bett legen, am besten noch auf Herrchen oder Frauchen drauf, meist auch sonst das machen, was sie wollen. Anders herum formuliert:

Ein unerzogener Hund, dem kein Platz im Rudel zugewiesen wird, wird Ihr Bett sehr viel eher in Beschlag nehmen als ein Hund, der weiß, wo er steht: Nämlich in der Rangordnung nach Ihnen.

Aufgrund der sozialen Sicherheit wird er Ihre Stellung akzeptieren und Ihren Schlafplatz von sich aus nicht in Anspruch nehmen. Dies ist Hundenatur. Macht sich also Ihr Hund in Ihrem Bett breit, liegen Sie selbst schon ziemlich verdreht, damit Timmy auch wirklich bequem liegt, ist das ein Zeichen, daß auch sonst so einiges nicht mehr stimmt in der Gemeinschaft. Der beim Menschen schlafende Hund ist also nicht unbedingt immer ein Beweis gegenseitiger Zuneigung oder Liebe.

Man sollte kritisch seine Beziehung zu seinem eigenen Hund betrachten: Wenn er gut erzogen ist, wenn er einem seinen Ball, sein Futter überläßt, wenn er Kommandos befolgt, dann wird ihm der Zutritt zum Bett nicht »zu Kopf steigen«. Wenn er aber auch in anderen Situationen »schwierig« ist, dann muß man endlich mit seiner Erziehung beginnen und ihm darüber hinaus das Bett verbieten.

Ihr Essen: Unantastbar

Attila, der Starke und Benni, der Kleine, leben zusammen in einem Haushalt. Beide erhalten ihr Fressen, Benni verschlingt es gierig und will dann den Freßnapf seines Kumpels erobern. Doch Attila fletscht erst die Zähne und knurrt dann. Als das alles nichts hilft, beißt er Benni weg. Benni klemmt die Rute ein und verzieht sich. Erst als Attila seinen Napf verläßt, geht er hin und leckt die letzten Krümel auf. Auf das Verhältnis Mensch – Hund übertragen heißt das: Man sollte nie sein Essen mit dem Hund teilen.

Berühren des Hundes

Ein dominanter Hund wird nicht dulden, daß ihm ein unterlegener auf den Rücken springt oder seine Pfote darauf legt. Wenn Sie den Hund streicheln, berühren Sie ihn also auch auf dem Rücken, kraulen seinen Nacken und legen Ihre Hand über seine Schnauze. Und Sie gehen noch einen Schritt weiter, nämlich zum Bürsten. Viele Hunde lassen sich nicht von ihren Besitzern bürsten, sehr wohl aber von Fremden, zum Beispiel im Hundesalon. Weil der Hund dort mit Beißen, Knurren oder Flüchten nicht zum Erfolg kommt. Oft genügt ein lautes »Pfui« und ein selbstsicheres, angstfreies Auftreten: Schon läßt er sich bürsten.

Manche Hunde, die Angst vor dem Bürsten haben, sind allerdings nicht dominant oder aggressiv, sondern werden einfach zu hektisch und zu grob gebürstet. Wenn sie aber die Erfahrung machen, »bürsten tut weh«, werden sie sicher nicht voll wohliger Zufriedenheit dahinschmelzen, sondern sich, je nach Temperament, dagegen wehren. (Vgl. Kapitel Bürsten als Sozialkontakt, S. 52f.)

Der Mensch bestimmt den Weg

Sie bestimmen den Weg, die Richtung und die Geschwindigkeit, wenn Sie spazierengehen. Im Rudel übernimmt »Alpha« die Sicherheit und führt die Mitglieder zum Ziel. Wenn Sie sich führen lassen und Ihrem Hund überall nachfolgen, vermitteln Sie Timmy die Botschaft, daß Sie nicht die Sicherheit haben, ihn zu leiten. Sie geben das Ruder aus der Hand.

Besuch im Hundekörbchen

Manchmal sollten Sie sich zu Ihrem Hund in dessen Korb setzen, um zu zeigen, daß Sie jeden Platz beanspruchen können.

Außerdem sollten Sie demonstrieren, daß Sie dem Hund nicht immer verfügbar sind. In der Regel also sind Sie es, die den Hund streicheln, wenn Sie es möchten, ein Spiel beginnen und beenden. Hier allerdings sollte man Kompromisse eingehen und auch auf Schmuse- oder Spielaufforderungen seines Hundes eingehen, aber eben nicht immer. Weiterhin sollte man natürlich die Bedürfnisse des Hundes beachten, der auch einmal einfach nur seine Ruhe haben möchte.

Wilde Kampfspiele: Nein

Kampfspiele findet Timmy zwar sehr amüsant, sie geraten aber manchmal außer Kontrolle. Raufspiele um Gegenstände sollte man mit Einschränkung genießen. Der Hund will gewinnen und mit der Beute herumlaufen. Für einen Hund ohne Selbstvertrauen kann es eine gute Übung sein, auf diese Art ein wenig Mut und Selbstbewußtsein zu entwickeln. Bei einem Hund, der einem sowieso schon auf der Nase herumtanzt, sollten man dieses Spiel vermeiden und statt dessen Bälle werfen oder dergleichen.

Haben Sie einen Welpen, können Sie von Anfang an die genannten Übungen praktizieren. Natürlich dürfen Sie nicht übertreiben. Wer seinem Welpen jeden Tag den Futternapf stiehlt, um damit seine Überlegenheit zu demonstrieren, kann genau das Gegenteil erreichen: Einen Hund, der wütend seinen Napf verteidigt. Es ist also wichtig, einen Mittelweg zu finden, denn der Hund braucht bei aller Erziehung dennoch seinen individuellen Freiraum.

Ein wenig anders gestaltet es sich bei einem erwachsenen Hund, der uns bereits Schwierigkeiten macht oder den man noch nicht näher kennt.

Hier sollte man sich weder einfach in den Korb setzen, noch versuchen, den Napf zu nehmen.

All diese Beispiele sind so etwas wie Grundregeln zum Aufrechterhalten der Rangordnung. Im realen Zusammenleben aber werden sich sehr viele Formen einer mehr oder weniger stabilen Rangordnung zeigen. Ein Hund, der bei Tisch bettelt, muß deshalb nicht automatisch dominant sein, ebensowenig wie der, der das Bett mit Ihnen teilt.

> Rangordnung ergibt sich nicht nur aus einzelnen Gesten, sondern aus der Gesamtheit des täglichen Lebens.

Schnell fühlen sich Menschen von ihrem Hund dominiert. Tatsächlich gibt es immer wieder Schwierigkeiten mit dominant gewordenen Hunden. Die Diskussionen über Rangordnung aber erscheinen mir manchmal so etwas wie eine unstillbare Sehnsucht nach Macht. Auch wenn es nur ein Hund ist, den man beherrscht. Wenn der Hund nicht gehorcht, dann scheint es vielen so, als sei der Hund gegenüber dem Menschen dominant; man müsse ihm nur einmal ordentlich zeigen, wer der »Herr« sei. Daß Ungehorsam oft die Unfähigkeit der Besitzer/Besitzerinnen ist, die ständig und wiederholt gegen die Regeln der Hundelogik verstoßen, geht dabei unter. Hierbei aber kann sich kein klares Gefüge entwickeln. Hunde tyrannisieren ihre Bezugspersonen, indem sie die Wohnung verwüsten, stundenlang kläffen, hemmungslos stehlen, aggressiv ihr Körbchen und Fressen verteidigen. Sprich, es herrscht das totale Chaos. Nicht aber deshalb, weil der Hund das so will, auch nicht, weil er vorhat, den Menschen zu dominieren oder gar zu ärgern. Sondern weil man ihm gar keine andere Chance gibt. Er »muß« so oder so ähnlich handeln, weil es eben »nur« ein Hund ist, der mit der ständigen Unsicherheit, dem verschlungenen Labyrinth, in das er gesetzt wurde, einfach nicht zurechtkommen kann. Er sucht nach einer Ordnung. Der Mensch verlangt und erwartet oft viel zu viel von ihm: daß er stundenlang alleine bleibt, daß er Ersatz für einen Freund ist oder wie ein Sportgerät verwendet wird, daß er ein angekratztes Ego aufpoliert. Und der Hund soll zurechtkommen mit der Willkür des Menschen und seiner Unfähigkeit, ihn zu verstehen. Wo bleibt hierbei noch der Hund? Es müßte nicht heißen: Der Mensch hat Dominanzprobleme mit dem Hund, sondern: Der Hund hat Probleme mit dem Menschen. Denken Sie einmal darüber nach.

Konsequenz braucht der Hund

»Man muß die Konsequenz daraus ziehen.« »Das wird Konsequenzen haben!« »Du wirst die Konsequenzen tragen.« Das sind Aussprüche, die allen geläufig sind: Man trägt die Verantwortung für die Folgen seiner Taten und Entscheidungen.

Weiter bedeutet Konsequenz aber auch Beständigkeit. »Man ist konsequent in seinen Entscheidungen.«

Konsequenz ist für viele Hundehalter ein Problem. Vielleicht, da sie manchmal mit geringer Flexibilität bzw. Tyrannei verwechselt wird. Eine gewisse Unnachgiebigkeit wird als Härte betrachtet. Für ein harmonisches Zusammenleben mit einem Hund ist es aber wichtig, daß man lernt, konsequent zu sein, seinen eigenen

Entscheidungen traut und dahinter steht, damit man auch bereit ist, sie durchzusetzen.

Sie haben zum Beispiel gelesen, daß der Hund nicht ins Bett soll. Sie nehmen sich also vor, »der Hund darf nie ins Bett«. Aber eigentlich finden Sie die Vorstellung, daß er das Bett mit Ihnen teilt, sehr schön und das Verbot schmerzt Sie selbst. Nun sitzt Bello vor Ihrem Bett. Nein, im Buch steht geschrieben, er dürfe nicht hinein. Also, Bello bleibt draußen. Eine Woche halten Sie durch. Doch Bellos Blick... Ihr eigener Wunsch... Und er darf hinein. Nun aber kommt das schlechte Gewissen: Im Buch stand doch... Und die Leute, die das hören! Ihr Gerede! Also, für eine Woche darf Bello wieder nicht ins Bett. Und so geht das weiter, bis der Hund völlig verunsichert ist.

Anders, wenn Sie sagen: »Nein, der Hund bleibt draußen. Ich will weder Hundehaare noch Flöhe in meinem Bett. Basta!« Sie sind persönlich von der Richtigkeit Ihrer Entscheidung überzeugt und sehen auch einen Sinn darin. Wie sehr Bello sich auch bemüht, er bleibt draußen. Oder Sie sagen: »Egal, ob Flöhe oder Hundebuch, mein Hund darf ins Bett!« Und er darf immer mit.

> Sie können nur in den Verhaltensweisen auf Dauer konsequent bleiben, von deren Richtigkeit Sie selbst überzeugt sind.

Ein weiteres Problem ist das konsequente Durchsetzen eines Kommandos. Sie rufen Timmy zu sich. Der aber entdeckt gerade eine äußerst interessante Schnüffelstelle und schnuppert begeistert. Ihnen tut es jetzt leid, ihn da weggerufen zu haben, ja, Sie kämen sich fast tyrannisch vor, würden Sie auf Ihrem Willen bestehen. Der Hund soll ja schließlich auch seine Freiheit haben. Also lassen Sie ihn gewähren. Timmy erhält dadurch jedoch keine Freiheit, er lernt vielmehr, daß er tun und lassen kann, was er möchte. Dadurch verliert er aber Sicherheit, da Sie sie ihm nicht geben. Da Sie unzuverlässig sind, wird es auch Ihr Hund. Die Konsequenz? Timmy muß immer öfter an die Leine. Die

Freiheit, die Sie ihm geben wollten, müssen Sie ihm jetzt nehmen. Je konsequenter Sie also in Ihren Befehlen sind, umso zuverlässiger wird Ihr Hund. Sie können ihm vertrauen und ihm wirkliche Freiheit geben, weil Sie wissen, daß er im Notfall zu Ihnen kommt.

Tyrannisch werden Sie deswegen nicht. Das werden Sie erst dann, wenn Sie ständig Befehle geben, wenn der Hund überhaupt keine Möglichkeit erhält, eigene Bedürfnisse zu befriedigen.

> Sie sollten Ihrem Hund nur wenige Kommandos geben, diese aber durchsetzen.

Inkonsequenz und ihre Folgen

Man liest in Hundebüchern sehr häufig, daß einmal Verbotenes für immer verboten und einmal Erlaubtes für immer erlaubt sein muß. Und Inkonsequenz ist wirklich ein häufiger Fehler im Umgang mit Hunden. So könnte ich dieses Kapitel nun stehen lassen, doch so einfach ist es nicht. Hunde sind nicht so unflexibel, wie ihnen manchmal nachgesagt wird. Sie sind durchaus in der Lage, bestimmte Ausnahmen, die auf den ersten Blick inkonsequent erscheinen, als solches zu erkennen. Man muß aber in diesen Ausnahmen wiederum konsequent bleiben.

Erinnern Sie sich an die Ausführungen »Bett und Welpe« (S. 59f.)? Wenn man so will, war mein Verhalten »inkonsequent«. Ein Hund kann ebenso lernen, daß er zwar auf Ihrer Couch sitzen darf, nicht aber auf fremden; daß er in Feld und Wald Löcher buddeln darf, nicht aber im Garten. Er kann auch lernen, mit einem eigenen alten Schuh zu spielen, nicht aber mit Ihrem; oder aber mit einem Zuggeschirr einen Schlitten oder das Fahrrad zu ziehen, nicht aber mit seinem gewöhnlichen Halsband oder einem normalen Brustgeschirr an der Leine. Dies ist nicht inkonsequent, sondern situationsabhängiges oder objektbezogenes Lernen. Sie müssen nur fähig sein, dem Hund diese Unterschiede deutlich zu machen.

> Konsequent zu bleiben, bedeutet also genauer gesagt, in denselben Situationen immer entweder zu verbieten oder zu erlauben.

Ihre Couch ist also zum Beispiel immer erlaubt, egal, wie dreckig oder naß Timmy ist. Fremde Sofas dagegen bleiben immer verboten. Timmy würde es dagegen nicht verstehen, wenn er am Wochenende auf Ihre Couch dürfte, unter der Woche jedoch nicht.

Inkonsequenz bedeutet also, unschlüssig und unentschieden zu sein, keine für den Hund verständliche Regeln aufzustellen, launisch zu handeln. Dadurch aber verwirrt man den Hund, da er keine Linie findet, an der er sich orientieren kann.

Es ist eine große Verantwortung, die der Mensch übernimmt, wenn er über das Leben eines Hundes bestimmen möchte. Denn er übernimmt dadurch die leitende Stellung im Mensch-Hund-Rudel, also die sogenannte »Alpha«-Position. Doch diesen Platz muß sich der Mensch erst verdienen! Er muß diejenigen, die unter ihm stehen, verstehen, lenken, ernähren, versorgen, ihnen Sicherheit, Geborgenheit, Vertrauen geben. Die Grenzen müssen klar sein, immer verständlich, Grenzen, die dem Hund seinen Platz in der vom Menschen gewählten Gemeinschaft für seine eigenen Bedürfnisse läßt. Und dies erreicht man nur durch Konsequenz. Nur dadurch schafft man eine Ordnung im Rudel, die ein harmonisches Miteinander ermöglicht.

Zur näheren Erläuterung zurück zur Praxis: Herr Maier hatte Streit mit seiner Frau. Geknickt setzt er sich auf die Couch. Senta kommt zu ihm, und sein Bedürfnis nach Trost ist groß. Also darf Senta, ausnahmsweise und nur heute, zu ihm auf das Sofa. Weil es gar so harmonisch ist, bekommt sie auch noch eine Praline in das Maul geschoben.

Am nächsten Morgen ist Herrn Maiers Welt wieder in Ordnung: Er hat sich mit seiner Frau ausgesöhnt. Da kommt Senta und hüpft auf die Couch, wie sie es gestern durfte. Doch da: »Pfui! Runter mit Dir!« Große Verwirrung, Senta zieht enttäuscht ab und versteht eigentlich überhaupt nichts.

Aber nicht nur in diesem Punkt ist Herr Maier nicht konsequent. Er ruft »Hier«, und hat nicht die Geduld, auf Senta zu warten. Er geht weiter und achtet gar nicht darauf, ob die Hündin nun wirklich kommt oder nicht. Beim nächsten Mal ruft er sie zu sich – und ärgert sich, daß Senta nicht kommt. Herr Maier geht zu ihr und schimpft sie. Und so wiederholt es sich ständig. Das eine Mal ist es Herrn Maier gleichgültig, ob Senta kommt, das andere Mal reagiert er mit Strafe. Das eine Mal darf sie aufs Sofa, das andere Mal nicht. Senta verliert dadurch den sicheren Boden unter den Füßen, da Herr Maier inkonsequent ist.

Irgendwann wird Senta beginnen, Familie Maiers Befehle zu mißachten, die sie selbst nie ernst genommen hat. Maiers werden begreifen, was es bedeutet, auf Senta keinen Einfluß mehr zu haben, denn die Hündin wird ihnen zum Beispiel den Platz auf der Couch streitig machen, angetrieben, angefeuert dazu von ihnen selbst, weil sie ihr das auf-die-Couch-Springen ab und zu eben doch gestattet haben. Senta wird vielleicht ihr Bett erobern, ihr Essen beanspruchen, weil die Maiers ihr durch Inkonsequenz systematisch beigebracht haben, wo ihre schwachen Stellen sind, da sie eben keine »Alpha«-Qualitäten haben. Wenn Maiers immer noch nicht merken, was hier geschieht, wird Senta vielleicht beginnen, ihr Futter zu verteidigen und dabei lernen, daß sie durch ihr Knurren Erfolg hat, da sie die Maiers dann aus Angst in Ruhe lassen.

Nach einer gewissen Zeit wird es den Maiers zu bunt, sie nennen Senta einen »Problemhund« und geben sie als nicht erziehbar im Tierheim ab. In Wirklichkeit aber suchte Senta nach Sicherheit und einer Ordnung, die ihr Familie Maier nicht gegeben hat.

Lob und Strafe

Das Idealziel der Mensch-Hund-Gemeinschaft ist Harmonie. Sie entsteht dadurch, daß man die Bedürfnisse von Bella und Timmy respektiert, sich selbst aber nicht verleugnet und notwendige Grenzen setzt.

Aufmunternde Worte, Futter, Spielen, Streicheln bedeuten für den Hund Lob und Anerkennung. Ziel des Lobes, das man immer sofort nach der »guten Tat« gibt, ist es, dem Hund begreiflich zu machen, was man gut findet. Mit Loben läßt sich Timmy ermutigen, und es fördert sein Selbstvertrauen.

Für den noch unerfahrenen Hund ist aber ein »brav« noch kein Lob. Er muß erst lernen, mit diesem Begriff eine Anerkennung zu verbinden. Dafür sagt man Lobewörter, wenn man den Hund belohnend streichelt oder auch ein Leckerchen gibt. Mit der Zeit wird dann das alleinige Wort (»Brav!«) zum Lob. Wichtig ist jedoch auch die eigene positive Einstellung. Wenn man Timmy zwar kräftig streichelt, einem selbst aber das ehrliche Gefühl der Freude fehlt, wird er das merken. Für ein Lob so nebenbei lohnt sich keine Mühe!

Kraulen ist eine stärkere Belohnung, auch das Spielen ist Lob.

Futter ist die stärkste Form der Belohnung. Mit Futter geht scheinbar alles besser. Aber es muß überlegt eingesetzt werden, sonst haben Sie bald einen Hund, der Ihnen nur dann gehorcht, wenn Sie Futter dabei haben. Nur besondere Leistungen, also ein ganz schnell befolgtes »Hier« etwa, sollten so belohnt werden. Oder wenn Sie Ihrem Hund etwas Neues beibringen.

Futter soll immer eine Überraschung sein, die den Hund angenehm erfreut.

Der größte Fehler, den Sie machen können, ist der, daß Sie vor lauter Verzweiflung, weil Timmy nicht kommt, die Tüte mit dem Futter schütteln und rufen: »Schau mal, feines Gutti«. Wer also dazu neigt, allzu großzügig mit Leckerchen zu sein, sollte von Anfang an diese Form der Belohnung nicht vollziehen.

Als Strafe kann man das Wort »Pfui« verwenden, oder einen stärkeren, nicht schmerzenden Griff über die Schnauze des Hundes. Auch ein Ruck mit der Leine ist Strafe.

> Eine Missetat wird sofort, in flagranti, bestraft.

Entdeckt man eine verwüstete Wohnung, nachdem man nach längerer Abwesenheit wieder zurückkehrt, ist jeder Tadel oder Wutausbruch absolut sinnlos. Der Hund hat kein schlechtes Gewissen! Er kann Vergangenes nicht mit Ihrem Ärger verbinden! Sein angebliches »schlechtes Gewissen« sind höchstens Ihre eigenen Gefühle, die Sie dem Hund übermitteln.

Frau Maier kommt nach Hause und sieht die angefressene Couch. Wütend brüllt sie Senta an, die sich sofort in eine Ecke verkrümelt. Beim Nächstenmal kehrt Frau Maier schon mit der Erwartung zurück, daß wieder etwas angeknabbert ist. Senta erinnert sich, daß die letzte Begrüßung alles andere als lustig war und verschwindet schon vorsichtshalber. Da, der Sessel! Der sich wegschleichende Hund! »Senta weiß doch, daß sie das nicht darf! Sie hat ja ein ganz schlechtes Gewissen!« Nein, hat sie nicht!

Bevor sie das Nächstemal in ihre Wohnung geht, sollte Frau Maier kurz innehalten und sich besinnen. Sie schließt die Augen und sagt sich, »mein Hund kann das Vergangene nicht mehr mit meiner Wut verbinden. Egal, was Senta jetzt auch angestellt hat, ich mag sie und freue mich, sie zu sehen.« Sie öffnet die Türe, übersieht ein zerfetztes Kissen und zeigt Senta ihre Freude, sie wiederzusehen, gesund und munter, nicht an irgendwelchen Schaumstoffteilchen erstickt. Senta begrüßt Frau Maier fröhlich wie immer, und zufrieden hechelnd setzt sie sich auf das zerfetzte Kissen ... Denn sie hat kein schlechtes Gewissen. Mit dem Wort »Pfui« verbindet der Hund zunächst nichts Negatives. Zum einen macht der Ton die Musik, zum anderen muß der Hund erst lernen, daß Pfui bedeutet: »Hör auf mit dem, was Du tust!« (zum Beispiel Fressen von der Straße). Es ergibt sich von selbst, daß man dieses Kommando nicht ständig gibt. Es gilt nur für absolute

Verbote. Man sollte sich ähnlich verhalten wie eine Hündin gegenüber ihren Welpen: Eins der kleinen läßt die Hündin nicht in Ruhe. Diese knurrt (dies ist unser »Pfui«) und der Welpe weiß, wenn er nicht aufhört, setzt es was von der Mutter. Das heißt, eine Strafe sollte erst erfolgen, wenn das Pfui erfolglos bleibt.

> Grundsatz ist, so selten wie möglich zu strafen.

Schlagen, Beleidigtsein und Nackenschütteln sind keine Strafen, sondern Machtmißbrauch. Schläge verängstigen den Hund. Ihn beleidigt wegzustoßen heißt, ihn auszuschließen aus der Gemeinschaft. Und warum Nackenschütteln so beharrlich den Mutterhündinnen als Strafmaßnahme für ihre Welpen untergeschoben wird, kann ich nicht ganz nachvollziehen. Wollen sie nämlich Ruhe vor ihren Knirpsen, fletschen sie die Zähne, knurren oder umfassen die Schnauze der Kleinen. Ich habe viele Welpen samt Hündinnen beobachten können, niemals aber das Nackenschütteln. Das ist nämlich keine Strafe, sondern das Totschütteln von Beutetieren. Will man aber seinem Welpen signalisieren, daß man ihn als Beute betrachtet?

Erfolgserlebnisse sind wichtig

Ein überwundenes Hindernis, eine überwundene Angst, ein kräftiges Lob und vieles mehr sind wichtige und unentbehrliche Erfolgserlebnisse für Hunde. Deshalb ist es so wichtig, nicht über den Weg der Strafe zu erziehen. Sie bedeutet eine negative Hemmung des Hundes, der dadurch nur lernt, Dinge zu vermeiden.

Lob und Anerkennung aber schaffen dem Hund positive Gefühle, die er gerne erlebt, so daß er sich deshalb auch gerne und freiwillig so benimmt, daß er diese Erfolgserlebnisse öfter haben kann.

Sie stärken auch das Selbstvertrauen und sind deshalb besonders für ängstliche Hunde entscheidend. Folgendes sollte für Sie wirklich wichtig sein:

Sie sollten viel mehr loben als strafen. Geben Sie Ihrem Hund die Möglichkeit, viele Erfolgserlebnisse zu haben!

Erziehung über Lob

Wenn der Welpe oder auch der erwachsene Hund das Haus bezieht, denken viele, daß sie Unarten mit Schimpfen und Strafen abgewöhnen müssen. Wann immer also der Hund etwas annagt, in die Wohnung macht, bellt und sonstigen Unfug anstellt, reagieren sie mit »Pfui« und leider noch sonstigem mehr. Bei einem lebhaften, neugierigen Hund kann dies dazu führen, daß er ständig, und zwar wirklich ständig, irgendwie getadelt wird – für im Grunde auch noch natürliches Verhalten.

Wer seinem kleinen Welpen bereits einsame Stunden in der Wohnung zumutet, weil er arbeiten muß und eigentlich deshalb keine Zeit für einen Welpen hätte, braucht nicht erstaunt darüber zu sein, wenn sich später Nachbarn über Gekläffe und Geheule beschweren und man eine sonst ordentliche Wohnung als Schlachtfeld wiederfindet.

Abgewöhnen von Unarten beginnt damit, dem Hund zu zeigen, was er darf!

Geben Sie ihm Spielzeug, verschiedene Bälle und Kauknochen. Denken Sie daran, daß ein Welpe Beschäftigung braucht. Wenn Sie sich nicht um ihn kümmern, erfindet er eigene Spiele: Teppichkauen, Sofa zerlegen, Dinge durch die Gegend schleppen, Papierkörbe ausleeren und erforschen, Pflanzen ausgraben und noch einige glorreiche Ideen mehr. Hunde können ausgesprochen phantasievoll und neugierig sein! All der Wissensdurst aber will gestillt sein. Es nützt also wenig, den Knirps oder Oldie mit Schimpfen zu frustrieren, ihn dann aber sich selbst zu überlassen. Sie nehmen ihm dadurch etwas, geben aber nichts.

Deshalb: Welpen und unerzogene Hunde verlangen von uns besonders viel Zeit, Geduld und Liebe.

Noch einmal: Der Welpe will beschäftigt sein. Kümmern Sie sich nicht um ihn, wird es ihm langweilig, und er beginnt, einiges zu unternehmen. Er wird aber sehr bald lernen, daß er immer dann Ihre Aufmerksamkeit gewinnen kann, wenn er die Couch, den Teppich oder das Kissen anfrißt, wenn er sich dem Elektrokabel nähert oder zu winseln beginnt. Selbst wenn Sie mit ihm schimpfen, ist doch für kurze Zeit »was los«, wenn auch nicht gerade positiv. Der Kleine wird fortfahren mit seinem Unfug. Schenken Sie ihm also Aufmerksamkeit, wenn er etwas Tolles macht, und geben Sie ihm gar nicht so viel Zeit, lauter Blödsinn anzustellen.

Diese Methode kann auf viele andere Bereiche angewendet werden. Bitte warten Sie also nicht, bis der Hund etwas anstellt, sondern beobachten Sie ihn und vermeiden Sie das Joggern-Hinterherlaufen bereits im Vorfeld, und zwar durch Ablenkung oder auch Gehorsamsübungen.

Was ist unbewußte Belohnung?

Frau Maier sitzt auf einer Bank, Senta angeleint daneben. Eine fremde Hündin kommt des Wegs, und Senta sträubt die Haare. Frau Maier weiß, was jetzt passieren wird: Senta wird zu knurren beginnen und vielleicht an der Leine zerren. Um das zu verhindern, »beruhigt« Frau Maier ihre Hündin: »Ruhig, Senta, sei brav. Schau, der tut dir doch gar nichts.« Dabei legt sie liebevoll die Hand auf die aufgeregte Hündin. Diese explodiert förmlich, und es kommt zu einem plötzlichen Angriff auf den fremden Hund.

Was hier passiert, ist, daß zwei Welten aufeinanderprallen: menschliche Logik gegen die des Hundes. Für Senta nämlich klang Frau Maiers Spruch ganz anders, nämlich in etwa so: »Gut, Senta, brav ist dein Knurren. Laß' dir nichts gefallen!« Die tätschelnde Hand unterstützt die aggressive Haltung von Senta noch ein Stück mehr.

Daraus ergibt sich ein neuer Grundsatz:

> Wann immer sich der Hund aggressiv verhält, darf man nicht mit beruhigenden Worten, Streicheln oder mit Füttern reagieren. Jede positive Reaktion des Menschen ist in diesem Fall für den Hund eine Bestätigung für sein momentanes Verhalten.

Frau Maier, die aus eigener Erfahrung klüger geworden ist, startet einen neuen Versuch:

Senta sitzt wieder angeleint da, und eine Hündin naht. Frau Maier beobachtet sich jetzt erst einmal selbst. Sie sieht den Hund und denkt insgeheim: »Nein, jetzt geht es schon wieder los.« Innerlich bereitet sich Frau Maier auf die eskalierende Situation vor. Sie spannt sich an, nimmt unbewußt die Leine kürzer, die dadurch straff wird, und geht in eine gewisse Lauerstellung über. Senta registriert das und wird gewarnt, daß jetzt etwas besonderes kommt. Frau Maier selbst also signalisiert dem Hund, sich so zu verhalten, wie sie es eigentlich gar nicht möchte.

Frau Maier könnte auch anders reagieren: Anstatt auf die fremde Hündin zu warten, versucht sie, mit Senta Kommandos zu üben, die Senta bereits beherrscht. Der erste Schritt ist damit bereits getan: Ein sich regelmäßig wiederholender und steigernder Kreislauf (Warten auf die Hündin, Aggression) wird unterbrochen. Senta merkt, daß diesmal alles anders ist. Es fällt ihr aber schwer, sich auf die Übungen zu konzentrieren, kommt da doch die Feindin angestapft. Frau Maier konzentriert sich voll auf Senta. Als jetzt diese versucht, die Feindin anzugreifen, gibt ihr Frau Maier einen strengen Ruck mit der Leine und besteht auf das weitere Ausführen der Übung. Am besten eignet sich in dieser Situation »Bei Fuß«, da sich Senta hierbei nicht zu stark auf den anderen Hund konzentrieren kann. Jede positive Handlung, ein aufmerksamer Blick zu Frau Maier, ordentliches Gehen usw., werden gelobt, jede Aktion gegen die fremde Hündin wird verboten. Von jetzt an wird sich Frau Maier konsequent so verhalten. Senta lernt dabei anständig an der Leine zu gehen, und zwar auch in schwierigen Situationen. Weiter lernt sie, daß ihr aggressives Verhalten nicht geduldet und nicht erwünscht ist. Als wichtigstes Ziel aber kann man betrachten, daß Frau Maier Senta beibringt, in jeder Situation zu gehorchen. Anstatt nur zu strafen, wird dem Hund die Möglichkeit gegeben, gutes Verhalten zu lernen und dafür gelobt zu werden.

Hier noch ein weiteres Beispiel für unbewußtes/unerkanntes Lob:

Man hört kurz nach dem Verlassen der Wohnung den daheimbleibenden Bello winseln oder kläffen. Man dreht um, geht zu ihm zurück und versucht, ihn zu beruhigen. Signal bei Bello: »Hurra, sie ist wieder da, mein Jaulen hat Frauchen zurückgebracht.« Lernerfolg: »Wenn ich Krach mache, bleibe ich nicht allein. Also mache ich Krach.« Vielleicht fallen Ihnen selbst noch andere Beispiele ein.

> Wenn Ihr Hund irgendein Verhalten zeigt, das Sie nicht unbedingt hinnehmen wollen, überlegen Sie, ob Sie nicht durch unbewußtes Lob dem Hund genau dieses Verhalten beigebracht haben. Beobachten Sie sich selbst, wie Sie sich verhalten, wenn Ihr Hund sich »seltsam« benimmt. So können Sie manchmal eine Antwort finden und den Kreislauf durchbrechen.

Was soll ein Hund lernen?

Eine allgemeingültige Antwort gibt es auf diese Frage nicht. Es gibt zwar weitverbreitete Normvorstellungen, was der Hund können müßte, doch eigentlich sollten dies die Besitzer und Besitzerinnen selbst bestimmen. Denn es ist davon abhängig, wie man mit seinem Hund zusammenleben möchte und welche Anforderungen an ihn gestellt werden.

Ein kleines Beispiel: In vielen Büchern ist zu lesen, daß der Hund am Straßenrand sitzen muß. Dadurch soll er lernen, nicht auf die

Straße zu laufen. Es wird also indirekt vorausgesetzt, daß der Hund früher oder später überall ohne Leine laufen kann. Einigen Hundebesitzern ist es fast peinlich, daß sie ihren Hund an der Straße an die Leine nehmen müssen, weil er sonst wahrscheinlich vor ein Auto laufen würde. Es ist leider die Tendenz in der Hundeliteratur, immer den Idealhund zu beschreiben. Demnach sind eben alle Vierbeiner, die diesen Normen nicht standhalten, nicht gut erzogen. Auch in anderen Medien wird der »perfekte« Hund gezeigt, wie zum Beispiel in der Fernsehserie »Kommissar Rex«. Die Folge ist, daß im deutschsprachigen Raum eine Massennachfrage nach deutschen Schäferhunden eingesetzt hat. Und das österreichische Fernsehen warnt inzwischen vor der Illusion, jeder deutsche Schäferhund sei ein potentieller »Kommissar Rex.«

Unberücksichtigt bei diesen Forderungen bleibt im Grunde der Hund selbst. Sicher gibt es Hunde, die überall »gutes« Verhalten zeigen. Sie sind stets brav und laufen überall ohne Leine. Sie raufen nicht, sie rennen keinem Hasen und keinem Jogger hinterher, sie können allein bleiben und bellen nicht. Sie kommen niemals auf die Idee, irgendetwas anzustellen. Sie sind perfekt, makellos.

Sicherlich braucht Timmy Erziehung. Er muß auch Benimmregeln lernen, sonst wird es gar zu peinlich. Das Wichtigste aber dabei ist, daß Sie sich nicht von manchmal zu hochgesteckten Normen beeinflussen lassen, sondern von Ihrem eigenen Hund. Es gibt nämlich einfach Hunde, die niemals überall ohne Leine laufen können, ohne daß sich mittlere Katastrophen anbahnen. Deshalb sind sie nicht unerzogen. Einige sind vielleicht zu temperamentvoll, andere zu ängstlich. Nicht jeder Hund ist gleich, jeder hat seine Schwierigkeiten und Fähigkeiten. Dies soll kein Freibrief sein, für jeden »Fehler« nun eine Entschuldigung parat zu haben. Ich wollte nur zeigen, daß Papier unendlich geduldig ist: Man kann alles schreiben und fordern. Aber in der Realität ist einem damit meist wenig geholfen.

Deshalb beschreibe ich in den nachfolgenden Übungslektionen auch Anwendungsbereiche. Sie selbst können dann entscheiden, ob Sie Ihrem Hund eine bestimmte Lektion beibringen wollen oder nicht. Bedenken sollten Sie dabei, daß die meisten Hunde eifrige Schüler sind und gerne Neues lernen. Betrachten Sie die Übungen also nicht nur als notwendige Übel, sondern als sinnvolle und notwendige Beschäftigung und Zusammenarbeit mit dem Hund.

> Es sollte das Ziel sein, mit Hilfe der Erziehung ein positives Miteinander zu erreichen. Der Hund sollte vertraut gemacht werden mit den alltäglichen Gegebenheiten des menschlichen Lebens.

Dazu gehören Verkehr, öffentliche Verkehrsmittel, Kaufhäuser und Gaststätten, Parkanlagen mit vielen Menschen und Hunden, eventuell andere Tiere wie Pferde, Kühe, Katzen. Je mehr ein Hund kennenlernen kann, um so sicherer wird er werden. Um so stärker wird auch das gegenseitige Vertrauen werden – die beste Voraussetzung für eine positive Gemeinschaft.

Was ein Hund aber auf alle Fälle lernen sollte, ist, auf seinen eigenen Namen zu hören und zu reagieren. Wenn Sie den Hund also zum Beispiel ansprechen, sagen Sie deutlich seinen Namen, auch wenn Sie loben usw. So lernt er ziemlich schnell, wie er heißt. Übrigens ist es im Grunde gleichgültig, wie Sie ihn nennen. Zu lange Namen sind unpraktisch, mehr als vier Silben sollte er nicht haben.

Die Wahl der Kommandos

Wollen Sie Ihrem Hund ein Kommando beibringen, müssen Sie es erst selbst lernen. Das ist nicht so selbstverständlich. Manche verwechseln »Sitz« immer wieder mit »Platz«, ein andermal sagt man »Komm« und meint eigentlich »Hier«. Oder aber man überhäuft Timmy gleich mit einem Wortschwall, wohl in der Annahme, daß er dann schon weiß, was man meint. Es heißt dann plötzlich »Jetzt geh doch her, ich habe es eilig«, oder auch einmal »Laß das doch und setze dich endlich hin.« Wenn Sie sich selbst einmal mit einem Tonbandgerät oder einer Videokamera aufnäh-

men, hätten Sie sicher einen unterhaltsamen Abend. Sie könnten
aber vielleicht auch erkennen, warum Timmy manchmal nicht
folgt.

Die Kommandos sollten klar und deutlich sein, möglichst kurz
und vor allem immer dieselben. »Sitz« bedeutet also immer, daß
sich der Hund setzen soll, usw. Weiter ist die Betonung der einzelnen Kommandos wichtig. Mein älterer Hund sitzt bereits,
wenn er »Si...« hört, er legt sich auf »Pl...« hin und geht auf
»F...« bei Fuß. Deshalb, weil ich diese Buchstaben auf typische
Weise betone.

Weiter ist es notwendig, dem Hund ein Kommando immer nur
einmal zu geben. Nur dadurch kann Zuverlässigkeit entstehen.
Hunde, die erst auf das zehnte Mal Rufen reagieren, kommen in
vielen Fällen überhaupt nicht. Und Sie gewöhnen sich selbst
dabei an, ständig auf den Hund einzureden. Ein gezieltes, beton-
tes Kommando, auf dessen Befolgen Sie dann bestehen, erspart
viele Probleme und Gebrüll. Es schont die Nerven und verbessert
das Verhalten gegenüber dem Hund, da Sie dadurch auch ein
wenig Selbstdisziplin lernen können.

Ein kurzes Wort noch zur Lautstärke. Im Grunde könnte man
die meiste Zeit mit dem Hund flüstern, bei weiterer Entfernung
normal sprechen. Die meisten aber reden mit normaler Lautstärke, wenn Lisa neben ihnen ist und brüllen das »Hier« hinaus
in die Welt. Obwohl sie wissen, daß Hunde viel besser als Menschen hören, reden sie mit ihnen wie zu einem ihrer Artgenossen.
Man braucht nun nicht zu flüstern und zu hauchen beginnen,
aber man sollte ein wenig versuchen, dem weit entfernten Hund
nicht nachzuschreien. Ein kleiner Test: Wenn Ihr Hund ein positives Wort kennt, auf das er erkennbar reagiert, dann können Sie
sich selbst davon überzeugen, wie leise Sie sprechen können und
vom Hund immer noch gehört werden. Begeben Sie sich mit
Ihrem Hund auf eine ruhige Wiese, die er kennt. Wenn er sich
ein gutes Stück von Ihnen entfernt hat, sagen Sie leise das »Zau-
berwort«. Erstaunlich, wie gut hier die Hunde plötzlich hören
können. Und ein wenig peinlich für diejenigen, die das »Hier« so
eifrig bemüht »überhören«.

Gewöhnen Sie sich also an, leise mit Hunden zu sprechen. Diese Tiere werden dann auf die zartesten Kommandos reagieren. Der Mensch, der direkt neben Ihnen steht, hat nichts gehört, wohl aber der Hund. Dadurch wird er auch aufmerksamer und stumpft nicht durch überlaute Befehle ab.

Die Sinne des Hundes

Riechen

Der Hund ist hauptsächlich ein »Nasentier«. Er nimmt also seine Umwelt nicht überwiegend mit den Augen wahr, sondern über den Geruch. Nun kann man selbst zwar meist nicht riechen, was Timmy im Moment gerade so interessiert, aber man kann zum Teil an der Reaktion erkennen, um was es hier wahrscheinlich geht. Riecht ein Rüde die Duftmarke einer läufigen Hündin, so wird er meist sehr intensiv daran schnüffeln, vielleicht auch zu sabbern beginnen und mit den Zähnen klappern. Weiter leckt er auch oft an dieser Stelle. Sie wissen also, wenn es sich noch nicht herumgesprochen hat, daß irgendeine Hündin in der Nähe läufig ist. Welche dies genau ist, zeigt uns der Rüde, wenn er jetzt dazu neigt, fortzulaufen, um diese Hündin zu suchen. Es ist für Besitzer von Hündinnen manchmal nicht sehr angenehm, wenn sich vor ihrem Haus eine ganze Meute liebeshungriger Rüden ansammelt. Deshalb kann es günstig sein, seine läufige Hündin in dieser Zeit ins Auto zu packen und weiter weg zu fahren, um dort spazierenzugehen. Dann kann nämlich auch sie nicht mit Duftmarken bis vor die Haustüre den Rüden den Weg zeigen.

Sie können an Ihrem Hund auch erkennen, ob gerade ein Wild von Ihnen vertrieben wurde oder ob sich vor kurzem der Feind Ihres Hundes in der Gegend herumtrieb. Wenn Sie Ihren Hund also beobachten, dann teilt er Ihnen sehr viel mit, auch wenn Sie selbst es nicht riechen können.

In der U-Bahn kann man als Hundebesitzer, wenn man einmal ohne eigenen Hund fährt, oftmals folgendes erleben: Der Wagen ist voll, ein Hund samt Herrchen steigt ziemlich gelangweilt ein.

Plötzlich aber werden die Augen des Hundes hell, die Nase wackelt und er beginnt, intensiv in die Luft zu schnüffeln. Dies gilt einem selbst oder vielmehr dem Hundegeruch, den man mit sich trägt. Fast immer macht einen der Hund nun ausfindig. Menschen merken meist erst an den Hundehaaren, die an der Jacke hängen, daß man wohl Hundebesitzer ist.

Dank der guten Nase aber werden für Hunde manche Gerüche zur Qual. Sie beginnen an der Tankstelle zu niesen, teilweise auch an einer stark befahrenen Straße. Die Hundenase sollte immer wieder einmal »Urlaub von der Stadt« erhalten, um den Geruch von Wald und Wiese einzuatmen.

Hören

Hunde hören auch sehr viel besser als Menschen. Sie hören aber nicht nur gut, sondern sie können einzelne Geräusche auch sehr gut unterscheiden. Wohl auch deshalb wird ihnen manchmal so etwas wie ein siebter Sinn nachgesagt. Sie nehmen ein Gewitter lange vor uns wahr, hören, wann Herrchen/Frauchen nach Hause kommt, hören im noch so tiefen Schlaf den Griff nach dem Dosenöffner.

Viele Situationen, die Hunden Angst machen, werden mit Geräuschen in Verbindung gebracht. Ein einst von einem Auto angefahrener Hund braucht nur ein Reifenquietschen zu hören, um an diese Situation erinnert zu werden. Schwierig ist es, wenn man selbst nichts hört oder die Zusammenhänge nicht kennt: Scheinbar grundlos bricht der Hund in Panik aus.

Sehen

Hunde sind in der Lage, in absolut dunklen Räumen an Hindernissen vorbeizugehen, ohne anzustoßen. Dabei orientieren sie sich über das Gehör.

Da Hunde vermutlich ihre Umwelt nur in geringem Maße farbig wahrnehmen und auch nicht so scharf sehen wie wir, reagieren sie manchmal für uns unverständlich. Sie beginnen, einen Baumstumpf aus der Ferne anzubellen, wenn sie dann aber dort sind und daran geschnüffelt haben, ist alles wieder in Ordnung. Wenn Sie sich hinter einem Baum verstecken, und der Hund nimmt keine Witterung von Ihnen auf, läuft er an Ihnen vorbei, wenn Sie sich absolut nicht bewegen. Kaum aber rühren Sie sich, reagiert er auf Sie. Auch Rehe werden deshalb oft erst dann bemerkt, wenn sie beginnen, loszulaufen.

Peinliche Verwechslungen gibt es auch mit Menschen, besonders in der Zeit der Dämmerung. Es kommt Ihnen eine Person entgegen, mit weitem Mantel, ganz wie ihn Ihre befreundete Bekannte immer trägt. Kann der Hund keine Witterung aufnehmen, rennt er vermutlich nun los, um sie zu begrüßen. Hunde reagieren auch zum Teil stark auf Menschen, die ungewöhnlich erscheinen, da sie zum Beispiel einen großen Hut tragen, einen wehenden Mantel, seltsame Pakete. Weiter können bestimmte Bewegungen, aber auch eine bestimmte Kleidung negative Erinnerungen wachrufen. Wurde ein Hund mit dem Stock geschlagen, kann er auf Menschen mit Stock aggressiv reagieren. Auch der erhobene Arm, die getragene Zeitung kann dies hervorrufen.

Fühlen

Manche Hunde sind ausgesprochen hart im Nehmen, andere dagegen sind äußerst empfindlich. Als mein Husky noch ein Welpe war, gingen wir durch eine hohe Wiese spazieren, er war etwa zehn Meter vor mir und hüpfte fröhlich umher. Plötzlich war er verschwunden, und ich hörte nur noch sein jämmerliches Geschrei. Ich dachte, er müsse in eine Grube gefallen sein und hätte sich mindestens ein Bein gebrochen. Ich lief also hin und da lag er, unverletzt inmitten der Wiese, hysterisch um sich beißend. Hatte ihn etwa eine Wespe in die Nase gestochen? Nein, kleine Kletten waren die Ursache für sein Jammern. Mein Hund kann eben keinen Fremdkörper an sich ertragen. Und wehe, eine Ameise wagt es, über seinen Fuß zu krabbeln. Unsanft wird sie mit einem festen Schleudern durch die Lüfte bewegt.

Wichtig zu wissen ist auch, daß Hunde auf manche Berührungen reflexartig zubeißen. Wenn man von hinten einen Hund berührt, ohne daß er unser Kommen gehört hat, kann es durchaus passieren, daß er schnappt. Dies sollte man Kindern frühzeitig erklären. Auch schlafende Hunde, die man einfach berührt, können so reagieren. Also: Immer erst den Hund auf sich aufmerksam machen, bevor man ihn berührt.

Die Sensibilität des eigenen Vierbeiners auf Berührung zu kennen, ist auch beim Thema Bürsten wichtig. Ein empfindlicher Hund läßt sich vielleicht nur noch schwer bürsten, wenn man zu grob war, oder gar nicht mehr.

Was ein Hund als schmerzhaft, störend oder unangenehm empfindet, ist individuell sehr verschieden.

Die »Sprache« des Hundes

Einen Hund »versteht« man hauptsächlich über seine Körpersprache. Er bellt zwar, winselt oder jault in vielen Variationen, hauptsächlich aber teilt er sich mit Hilfe seines gesamten Körpers mit. Für Menschen aber ist das gesprochene Wort das wichtigste, ja es ist so wichtig, so bestechlich, daß man damit seine wahren Gefühle verleugnen kann, obwohl der Körper etwas ganz anderes sagt. Menschen reden viel und denken viel. Das Einfache aber lassen sie hinter sich zurück, und deshalb fällt es so vielen so schwer, eine stumme Kommunikation zu begreifen. Für den Hund bedeutet das, daß er nicht verstanden wird.

> Menschen geben dem Hund oft unbewußt ganz andere Signale, als sie wollen – und zwar über die Körpersprache: Der Körper ist freundlich oder droht, auch wenn man dem Hund mit Worten das Gegenteil weismachen will.

Viele Menschen sind fest davon überzeugt, daß ihr Hund jedes Wort versteht. Und sicher lernt er auch im Laufe der Zeit bestimmte Dinge irgendwie zu verstehen. Wenn ich meinen Hunden sage, »wir gehen heim«, drehen sie um und laufen nach Hause. Erzähle ich, daß es jetzt etwas zu Essen gibt, rennen sie in die Küche. Sage ich »Auto fahren«, gehen sie den Weg zur Ga-

rage, und nicht den üblichen zum Spaziergang. Im Grunde sind
das aber nur gelernte Handlungen, die durch wiederholtes Vorsa-
gen gewisser Sätze mit der sogleich danach ausgeführten Tat in
Verbindung gebracht werden und den Eindruck erwecken, der
Hund verstünde jedes Wort.

Zurück aber zur Fremdsprache »hündisch«. Man muß sie lernen.
Erst wenn Sie Ihren Hund verstehen, werden Sie sich ihm auch
mitteilen können und angemessen auf ihn reagieren. Wenn
Timmy vor Ihnen agiert, sagt er kein Gedicht auf, dessen Aussage
Sie nun interpretieren sollen. Vielmehr handelt es sich um einen
klaren Text mit einer deutlichen Botschaft.

Wenn der Hund »spricht«, benutzt er dazu nie nur ein Körper-
teil. Achten Sie also nicht nur auf gefletschte Zähne, wedelnde
Ruten oder gespitzte Ohren.

Probleme bei der Verständigung mit Hunden haben die Menschen sich zum Teil selbst gezüchtet: Bei einigen Rassen ist das
Gesicht durch Fell verborgen, bei Wuscheln läßt sich kein Haa-
resträuben mehr erkennen, Schlappohren sind schwierig zu
»lesen« und kupierte Ruten tun ihr übriges. Es ist also noch sehr
viel wichtiger geworden, den ganzen Hund zu beobachten. Und
leider kann man deshalb auch nur ein »Sprachlexikon« erstellen,
das mehr oder weniger vom Normalhund ausgeht, bei dem man
all diese Signale auch wahrnehmen kann, da er unkupiert, kurz-
haarig und ohne Schlappohren ist.

Viele Menschen interpretieren das, was sie sehen, so, wie sie
es gerade haben möchten. Der Hund wird also vermensch-
licht.

Erfahrene Hundebesitzer dagegen betrachten einen Hund nach
biologischen Kriterien und wissen in der Regel sofort Bescheid.
In Bruchteilen von Sekunden nehmen sie die Regungen des Tieres wahr und können dementsprechend darauf reagieren. So ge-
schult, können sie oft voraussagen, was ein Hund als nächstes
machen wird. Dies erfordert aber viel Erfahrung mit verschiedenen Hunden, die man als »Hundeneuling« noch nicht hat.

Bücher und Zeitschriften helfen zwar weiter, aber noch wichtiger ist es, andere Hunde immer wieder zu beobachten, das eigene Auge und somit sein Verständnis zu schulen. Dabei sollte man nicht interpretieren, sondern nur als aufmerksamer Zuschauer agieren und durch Erfahrung lernen.

> Sie können Ihren Hund nur richtig »verstehen«, wenn Sie immer davon ausgehen, daß er nicht denkt und handelt wie ein Mensch.

Im ausgeglichenen »Normalzustand« hat Lisa ein entspannt wirkendes Gesicht. Die Rute hängt locker. Erregt etwas ihre Aufmerksamkeit, steigt die Rute nach oben, der Kopf wird aufgerichtet, die Ohren werden hochgestellt. Erscheint ihr etwas bedrohlich, sträuben sich ihre Haare, Lisa erscheint größer. Bei langhaarigen Hunden ist das nicht zu erkennen.

Begegnen sich zwei Hunde, die sich nicht kennen, beschnüffeln sie sich erst gegenseitig am Maul, dann an den Analdrüsen. Es läßt sich bereits hier erkennen, ob sich die beiden mögen oder nicht. Sind sie gut aufeinander zu »sprechen«, läuft das Treffen relativ entspannt ab und dauert meist nicht sehr lange. Treffen sich zwei gleich starke Hunde desselben Geschlechts, werden sie ihre Haare sträuben. Beide wirken sehr steif in ihren Bewegungen. Dann folgt ein sehr kurzer Moment, in dem beide Hunde starr verharren. Häufig ergibt sich daraus ein Kampf.

Mit Geduld erziehen

Stimme und Stimmung

Ein Hund ist in der Lage, einzelne Worte zu »verstehen« und dementsprechend zu reagieren. Er lernt auf diese Weise »Sitz«, »Bring«, »Platz« und vieles mehr. Daß Hunde den Eindruck erwecken, sie verstünden jedes Wort, liegt in ihrer Fähigkeit, jede feine Nuance unserer Stimmung wahrzunehmen. Weiter hören sie in einem Satz meist ihnen bekannte Worte heraus, die sie mit etwas Positivem verbinden.

Wenn ich möchte, daß mein Hund »lieb« schaut, also den Kopf ein wenig zur Seite neigt, dabei die Ohren spitzt und freundlich wedelt, brauche ich ihm nur einen Satz zu sagen, der entweder mit »Magst du?« beginnt oder Wörter für Essen beeinhaltet. Sofort gerät Berry in Verzückung, schaut »lieb« und rennt Richtung Küche. Dort erwartet er seine Belohnung. Ich kann ihn also viele Dinge »fragen« und erhalte stets eine »Antwort«. Ich frage also: »Magst du etwas Milch?« und schon ist er in der Küche. Dort gebe ich ihm dann etwas. Aber dennoch ist mein Hund nicht verständig, egal was ich ihn frage, er rennt immer in die Küche. Weil er es so gelernt hat. Und weil er mich und dieses Ritual genau kennt und weiß, daß er daraufhin etwas Freßbares erhält. Berry hat eine Vielzahl von Worten gelernt, die immer Fressen bedeuten. »Essen«, »Hunger«, »magst du«, »Zwieback« usw. bedeuten also: »Geh in die Küche, und du wirst belohnt.« Der Trick, ganze Sätze zu sagen, die der Hund scheinbar versteht, liegt darin, die bekannten, positiven Wörter besonders zu betonen. Ich könnte also ebenso mit freundlicher Stimme sagen: »Magst du Steine?« oder »Essen gibt es nicht« – Berry würde dennoch »lieb« schauen und in die Küche rennen.

Sage ich dagegen genervt: »Magst du Essen?«, wird sich Berry verziehen, da meine Stimme aggressiv ist, und vermutlich auch mein Gesichtsausdruck.

Die Stimme ist also auch entscheidend. Nehmen wir als Beispiel das Kommando »Hier«. Wenn Sie es kraftlos oder wie nebenbei Ihrem Hund zurufen, reagiert er ebensowenig darauf, wie wenn Sie es mit drohendem Unterton sagen. Rufen Sie aber heiter, mit höherer Stimme »Hiiiiiier«, so als möchten Sie sagen: »He, komm mal, schau, was ich für dich da habe«, dann ist sofort sein Interesse geweckt, und er kommt zu Ihnen. Es fällt mir immer wieder auf, daß Hunde auch deshalb auf Befehle nicht reagieren, weil die Stimme des Menschen nicht der Situation angepaßt ist, oder die Betonung für alle Kommandos, die der Hund kennt, immer dieselbe ist.

Sie sollten sich also einmal Gedanken darüber machen, was Sie mit Ihren Befehlen erreichen wollen. Soll Lisa also schnell zu Ihnen kommen und nicht im Schneckentempo, teilen Sie das durch Ihre Stimme und Stimmung mit: als ob Sie es aus lauter Freude gar nicht mehr erwarten könnten, daß sie endlich zu Ihnen kommt.

Anders, wenn sie eine Lektion ruhig ausführen soll, wie zum Beispiel langsam und sicher über eine Holzplanke gehen. Hier heißt es dann in ruhigem Ton »Geh laaaaaangsaaam«, Ihre Stimme wird selbst ganz langsam und vorsichtig. Ein wie aus der Pistole geschossenes »Langsam!« wird eine andere Wirkung haben: Je nach Temperament wird Lisa vielleicht erschrecken oder meinen, geschimpft zu werden. Oder aber sie »denkt«: »Was ist los, wo wird es spannend?« und hüpft zu Ihrem Entsetzen elegant von der Planke und kommt zu Ihnen.

Wo wird gelernt und geübt?

Das Endziel ist, daß Lisa ihre Lektionen überall beherrscht. Es ist wichtig, mit dem Hund an verschiedenen Orten immer wieder einmal zu üben, sonst ergibt sich folgendes Problem: »Eigentlich folgt mein Hund, aber...«.

Manche Hunde bestehen auf dem Hundeplatz jede Prüfung mit Bravour, »draußen« aber scheinen sie alles zu vergessen. Meist deshalb, weil man außerhalb des Hundeplatzes entweder gar nicht übt oder zu inkonsequent ist. Ein Hund lernt aber sehr schnell, daß man selbst auf dem Platz konzentrierter ist, vom Hund mehr verlangt und dies auch durchsetzt. Es liegt am Hundebesitzer, ob der Hund das dort (oder auch in der Wohnung) Gelernte überall durchführt. Dies ist gar nicht so selbstverständlich, wie man vielleicht meint.

Denn so sehr der Hund Spaß daran haben mag, mit Ihnen zu arbeiten, so sucht er doch auch immer seine eigenen Freiräume. Er »testet« Ihre Konsequenz. Auch ist das Leben rundherum natürlich viel aufregender, der Hund hat viel zu entdecken. Deshalb sollten Sie gerade auch an »spannenden« Orten üben – so schwer es dem Hund am Anfang fallen wird. Aber mit der Zeit wird er, auf Grund von Vertrauen, mehr Freiraum genießen können. Dann können Sie ihn öfter ohne Leine laufen lassen, und er kann sich ungehindert die Welt ansehen.

Jede neue Übung beginnen Sie am besten in der häuslichen, vertrauten Umgebung. Hier haben Sie selbst die nötige Ruhe, und auch Lisa kann sich viel besser konzentrieren. Es ist schließlich nichts da, das sie ablenken könnte.

Nehmen wir als Beispiel das Kommando »Hier«. Lisa lernt also zuerst den Sinn dieses Wortes in der Wohnung. Wenn sie es dort sicher beherrscht, ist die Zeit gekommen, es auch unter Ablenkung zu üben. Dies ist vorerst nur eine ihr bekannte Wiese. Aber Lisa hört und riecht schon viele Eindrücke. Auch hier sollten Sie so lange üben, bis es sicher klappt.

Dann bitten Sie vielleicht einige Freunde, sich auf der Wiese zu versammeln. Lisa soll an ihnen vorbei zu Ihnen kommen. Später ist ein ihr bekannter Hund auf der Wiese. Kommt sie auch unter diesen Umständen gleich zu Ihnen, weiten Sie Ihre Übungsplätze immer mehr aus: unbekannte Parkanlagen, Wälder, Parkplätze, die Innenstadt. Üben Sie an vielen verschiedenen Orten. Dabei gehen Sie langsam und bewußt vor. Wird auf diese Weise konsequent eine Lektion gelehrt, wird Lisa in den meisten Situationen unter Kontrolle bleiben.

Wann und wie wird geübt?

Manche Menschen vertreten die Ansicht, daß Hunde erst mit etwa einem Jahr erzogen werden sollten: damit sie noch ihre jugendliche Freiheit genießen können. Wenn man erwachsene Hunde im Umgang mit Welpen beobachtet, bestätigt sich diese Haltung. Außerordentlich geduldig ertragen die erwachsenen Tiere so ziemlich alles. Auch bei den Ahnen, den Wölfen, genießen Jungtiere ihre Freiheit und werden erst mit mehreren Monaten in die Regeln des Rudels miteinbezogen. Aus mehreren Gründen ist das heutzutage dennoch nicht sinnvoll. Unsere modernen Hunde müssen mit einer ganz anderen Welt fertig werden als Wölfe. Hunde müssen oftmals Dinge lernen, die im Grunde unnatürlich sind. Das Warten am Straßenrand, Liegenbleiben an einer Stelle, all dies und vieles mehr ist kein instinktives, kein angeborenes Verhalten. Der Hund hat es gelernt, durch stetes Üben. Deshalb sollte der Hund von klein auf erzogen werden. Denn bei einem erwachsenen Hund ist die Erziehung schwieriger, wenn auch nicht unmöglich.

Wird dem Hund etwas Neues beigebracht, muß man immer sein Alter und seine Gesundheit berücksichtigen. Kleine Lektionen wie »Sitz«, »Hier« und »Platz« kann man bereits dem Welpen beibringen, nur sollte man es noch nicht übertreiben.

Statt mit dem erwachsenen Hund jeden Tag eine halbe Stunde am Stück zu üben, sollten Sie es mehrmals täglich für einige Minuten tun. Sonst läßt die Konzentration des Hundes nach, und er beginnt sich zu langweilen. Kleine Pausen mit fröhlichen Spielen sind eine willkommene Abwechslung.

Wenn Sie vorhaben, mit dem Hund zu üben, sollten Sie selbst in guter Stimmung sein. Das steckt auch Lisa an. So macht es beiden mehr Spaß.

Geduld ist der oberste Grundsatz der Erziehung. Sie sollten sich so weit unter Kontrolle haben, daß Sie nicht »ausrasten«, wenn Ihr Hund etwas nicht sofort versteht. Auch eine gute Portion Realismus ist notwendig, damit man die Fähigkeiten seines Hundes abschätzen kann.

Regelmäßiges Üben ist notwendig. Der Hund braucht immer wieder einmal eine kleine Auffrischung des einst Gelernten. Bauen Sie also eine kleine »Schulstunde« während des Spaziergangs ein.

Schwierige Lektionen, wie zum Beispiel perfektes Apportieren, brauchen ihre Zeit und meist auch einen geplanten Aufbau in kleinen Schritten. Dies sind Übungen für fortgeschrittene Vierbeiner.

Ein kleiner Plan im Kopf, was Lisa lernen soll, ist angebracht. Es ist nicht sinnvoll, eine Stunde pro Woche alles zu üben, weil man da eben gerade Zeit hat. 10 - 15 Minuten eines jeden Tages sollten Sie der Erziehung oder vielmehr einzelnen Lektionen widmen. In dieser Zeit lehren Sie bitte nur ein neues Kommando, sonst geschieht es leicht, daß Lisa alles verwechselt. Bringen Sie Lisa also »Sitz« und »Platz« gleichzeitig bei, kann es sein, daß sie diese Kommandos nie richtig zu unterscheiden lernt.

Grundsatz: Immer nur eine Lektion gründlich üben, erst dann mit einer neuen beginnen.

Jede fortgeschrittene Arbeit mit dem Hund, ob Fährte, Apportieren u. a., basiert auf dem richtigen und sicheren Beherrschen der Grundlektionen. Man kann sie also durchaus als kleines ABC des Hundes betrachten, sofern man vorhat, mit ihm eine »höhere Schule« zu besuchen.

Das Üben in Lerngruppen hat viele Vorteile. Meist trifft man sich auf dem örtlichen Hundeplatz. Das ist schon deshalb günstig, weil ein erfahrener Ausbilder zur Seite steht und weiterhelfen kann. Außerdem kann man gezielt unter Ablenkung trainieren. Es macht mehr Spaß, gemeinsam etwas zu lernen und danach vielleicht noch gemütlich zu reden. Meist ist man auch konsequenter. Nur darf man nicht vergessen, das Gelernte auch außerhalb eines Hundeplatzes zu üben!

Abwechslung ist ein wichtiges Kriterium. Je langweiliger man die Übungsstunden mit seinem Hund gestaltet, um so weniger wird er sich dafür begeistern können. Man übt also nicht jeden Tag immer nur dasselbe, sondern bringt ein wenig Schwung in die Sache. Auch sollte man immer wieder den Ort wechseln, das eine Mal auf einer Wiese üben, dann im Park, neben Straßen, Baustellen, am Bahnhof, also überall. Je mehr unterschiedliche Situationen der Hund kennenlernen kann, um so vertrauter wird ihm die Umwelt, um so sicherer kann er werden. Doch sollte man den Hund nicht überfordern, sondern ihm auch Zeit geben, auf dem heimatlich vertrauten Weg seine eigenen Bedürfnisse auszuleben. Auch Ruhe, einfach einmal gar nichts tun, ist notwendig. Wird der Hund ständig diversen Reizen ausgesetzt, wird er verunsichert.

Erziehung oder Dressur?

Wie Sie bereits wissen, versteht der Hund nicht jedes Wort. Sie können ihm viel erzählen, Ihre Stimme, die Lautstärke, Ihre Körperhaltung sagen die Wahrheit. Bei dem Wort »Dressur« denkt man zuerst vermutlich an Tiere in einem Zirkus, die auf Bällen tanzen, durch brennende Reifen springen, »rechnen« und vieles mehr zur Unterhaltung der Menschen tun müssen. Doch im Grunde machen wir mit unseren Hunden zum Teil nichts anderes: Sie lernen, ein Kommando mit einer Handlung zu verknüpfen. Es ist also falsch, von Erziehung zu sprechen, und dabei nur die klassischen Unterordnungsübungen aufzuzählen. Ein Hund, der auf Befehl sitzen kann, der stundenlang an der Stelle bleibt, an der er abgelegt wurde (d.h. mit dem Kommando »Platz, bleib« zum Dauerliegen gebracht wurde), ist dressiert, noch lange nicht erzogen.

Wie ich schon sagte, bedeutet artgerechte Erziehung, dem Hund zu helfen, in seine Umwelt hineinwachsen zu können. Befehle, die man dem Hund dabei gibt, sind sinnvolle, manchmal notwendige Hilfen, nicht aber die eigentliche Erziehung. Ein Hund, der nur im Garten gelebt hat und auch alle klassischen Lektionen beherrscht, wird dennoch gewisse Probleme haben, wenn er plötzlich in die hektische Stadt muß. Vielleicht wird er stürmisch Leute anbellen, »bei Fuß« fällt ihm schwer. All das, weil er eben in einer komplett anderen Welt aufgewachsen ist. Es fällt ihm schwer, sich zurechtzufinden, er reagiert hektisch oder verängstigt. Man muß ihm vermutlich auch entsprechend viele Befehle geben, damit er sich »richtig« verhält.

Ein erzogener Hund hat Selbstsicherheit, natürlich nur in dem Grad, wie es seine eigene Persönlichkeit zuläßt. Er ist ein Hund, der im Grunde keine oder nur in seltenen Situationen Kommandos braucht.

Ein hochgestecktes Ziel? Nein, eigentlich nicht. Denn wo liegt der Sinn, wenn Ihr Hund das Kommando »Hier« zwar perfekt beherrscht, Sie ihn aber dennoch jede Minute rufen müssen, damit er dableibt oder nichts anstellt. Wer seinen Hund also artgerecht erziehen möchte, sollte dabei nicht nur die Kommandos, die er dem Tier beibringen möchte, vor Augen haben, sondern immer auch folgenden Grundsatz:

Ein Hund sollte sich den Anforderungen einer von Menschen geprägten Welt anpassen können; trotzdem sollte er seine Bedürfnisse ausleben und Hund bleiben können.

Ein Hund, der immer brav am Straßenrand sitzen bleibt, rennt eines Tages doch über die Straße und wird überfahren. Warum? Er hatte zwar gelernt, daß das Sitzen »gut« ist, da er dafür belohnt worden war und das Überqueren der Straße ohne Besitzer »Pfui«.

Aber das ist eben nur dressiert, die läufige Hündin auf der anderen Straßenseite war interessanter. Er ist eben »nur« ein Hund, weder eine programmierte Maschine, noch ein Mensch mit Einsicht. Er hat gelernt, daß er sitzen bleiben muß, nicht aber, warum. Er weiß nicht, daß der »Sitz«- Befehl seiner eigenen Sicherheit dient.

Anhand dieses traurigen Beispiels sollte man sich immer wieder ins Bewußtsein rufen, daß Hunde eben nicht menschlich denken und handeln. Man kann ihnen nichts erklären. Und sie sehen die Welt mit anderen Augen als Menschen. Autos, Fahrradfahrer erkennen sie nicht automatisch als Gefahr. Sie wissen nichts von dem Jäger, der sie vielleicht beim Wildern erschießt. Ein Blinden- oder Rettungshund arbeitet nicht auf Grund sozialer Gefühle, sondern weil er es Schritt für Schritt so gelernt hat. Er macht sich keine Sorgen um den Blinden, den er führt, oder um die Verletzten, die er findet.

Grundelemente der Erziehung

»Hier« beim erwachsenen Hund

Das Kommen auf Kommando ist eine für freilaufende Hunde notwendige Übung. Man kann sie dadurch daran hindern, zu anderen Hunden oder Menschen zu laufen, kann sie in gefährlichen oder heiklen Situationen an die Leine nehmen.

Nichts freut mehr als der Hund, der auf Ruf mit wehenden Ohren sofort angelaufen kommt. Und nichts scheint so schwierig zu lehren und zu lernen als genau das. Wieder darf man nicht zu menschlich denken: Timmy wird aus dem schönsten Spiel heraus gerufen – und er kommt nicht. 10mal, 20mal wird er gerufen. Schließlich kommt er gnädigerweise doch noch, oder er wird eingefangen – und ihn erwartet eine gehörige Standpauke. Ist er klug, hört er das nächstemal gar nicht mehr. Denn folgendes wurde ihm im Grunde beigebracht: »Werde ich gerufen und komme, geht es mir schlecht. Also komme ich nicht.«

»Hundelogisch« hat er also das Nichtkommen gelernt.

Oberster Grundsatz sollte sein, daß es für den Hund immer toll und großartig sein soll, wenn er kommt – egal, was er zwischen dem Rufen und Kommen alles angestellt hat. Nur das Endziel hat Bedeutung!

Als erstes müssen Sie sich über das passende Kommando klar werden. Eine bestimmte Übung muß immer denselben Befehl haben. Verschiedene Begriffe für ein und dasselbe sind für den Hund verwirrend.

In der Welt der Hundeprüfungen hat sich das Kommando »Hier« durchgesetzt. Dieses sollten auch Sie verwenden. Nicht, um sich anzupassen, sondern zur eigenen psychologischen Hilfe. Viele Menschen rufen »Komm« oder »Komm her« und ähnliches. Im Grunde wäre es auch gleichgültig, was man ruft. »Komm« hat aber in unserer Sprache sehr viele Bedeutungen, wie »Komm, schau mal«, »Komm, geh weiter« und vieles mehr. Dem Hund sind diese Unterschiede nicht klar. Er hört nur immer wieder »Komm«, mal im Sinne von »Komm her!« gebraucht, mal nicht, und so lernt er, dieses Wort mehr oder weniger zu ignorieren. Deshalb ist es sinnvoll, auf das Kommando »Hier« zurückzugreifen

»Hier« ist ein Wort, das man sehr gut in einer hohen, ziehenden Weise (»Hiiiiiiier«) aussprechen kann und das aufgrund seiner hellen Klangfarbe vom Hund besser wahrgenommen werden kann. Beginnen Sie das Üben in der Wohnung, mit Leckerchen oder Ball »bewaffnet«. Rufen Sie den Hund beim Namen und nur einmal »Hier«, und zwar in einem Tonfall, als hätten Sie soeben etwas Spannendes entdeckt. Im Idealfall kommt er zu Ihnen und wird ausgiebig gelobt. Gehört Ihr Hund zur mehr apathischen Natur, machen Sie sich erst einmal interessant: Zum Beispiel springen Sie mit den Händen auf die Oberschenkel klopfend in Hockstellung, hüpfen fröhlich vom Hund weg und rufen dabei wieder nur einmal »Hier«. Ziemlich sicher kommt nun auch ein Träumerlein und holt sich sein Leckerchen. Ist er allerdings sehr zart besaitet, könnte er von unserer »Gymnastik« erschreckt werden. Er wird eher auf ein zartes, lockendes Kommando reagieren. Nützt dies alles nichts, was allerdings selten der Fall sein dürfte, nehmen Sie den Hund an die Leine, rufen ihn und holen ihn mit Ihrem »verlängerten Arm« zu sich. Haben Sie festgestellt, welcher Typ Ihr Hund ist, können Sie nun mehrmals täglich das »Hier« mit ihm üben. Ein bis zwei Wiederholungen hintereinander genügen völlig, um sich verständlich zu machen. Hat die Übung besonders gut geklappt, beenden Sie Ihre Lektion mit einem dicken Lob. So bleibt dem Hund das Gute im Gedächtnis, Ihr und sein Spaß daran bleiben erhalten. Zuviel Eifer ermüdet den Hund, er wird lustlos, und Sie werden strenger. Bremsen Sie sich also ein wenig.

Bald wird er begreifen. »Hier« heißt herkommen und ist positiv. Sie können auch Ihren Hund bereits dann loben, wenn er sich auf Ihr Rufen hin umwendet und Sie ansieht. Das bedeutet, er ist aufmerksam geworden, etwas, das Sie ja möchten. Nun sagen Sie also bereits: »Jaaa, guuter Timmy!« Dabei gehen Sie rückwärts von ihm weg, gehen vielleicht noch ein wenig in Hocke und »ziehen« ihn sozusagen mit Worten zu sich her. Ist er dann auf dem Weg zu Ihnen, sagen Sie wieder: »Guuuter Timmy, guuutes Hiiier!« Ihre Stimme ist dabei leise und ein wenig anfeuernd, die einzelnen Worte werden in die Länge gezogen. Ist er bei Ihnen, loben Sie ihn oder geben Leckerchen und sagen nochmal »Gutes Hier«!

Ihre Aktivitäten verlegen Sie nun auf eine dem Hund bekannte Wiese oder einen vertrauten Weg. Einsamkeit ist angesagt, denn Menschen oder Hunde lenken zu sehr ab. Wieder üben Sie nun eine Zeitlang mit ihm über mehrere Tage hinweg. Und zwar so viele Tage, bis das Herkommen sofort funktioniert. Endziel dieser Lernstufe ist, daß Sie einmal »Hier« rufen, und Timmy zu Ihnen läuft, ohne daß Sie ihn noch sonderlich locken müssen. Das heißt, Sie bleiben aufrecht stehen, klopfen nicht mehr mit den Händen auf die Oberschenkel. Timmy braucht jetzt diese Hilfen nicht mehr, die Sie schrittweise abgebaut haben. Erst dann gehen Sie zu unbekannten Orten und üben unter Ablenkung. Eine 10-m-Leine ist hier eine große Hilfe. Sie machen Timmy also daran fest. Naht nun ein Hund (eine gute Ablenkung), rufen Sie rechtzeitig »Hier«. Dabei können Sie ruhig wieder in Hocke gehen, sich vom Hund fortbewegen, ganz so, wie Sie es am Anfang auch machten. Wenn Sie Timmy nun gerufen haben, und er macht keine Anstalten, zu Ihnen zu kommen, können Sie ihm mit der Leine einen leichten Ruck geben, dadurch wird er aufmerksam. Er kann sich Ihrem Befehl nicht entziehen. Natürlich aber weiß Timmy, daß er an einer Leine ist. Deshalb sollten Sie den Ruck nur im wirklichen Notfall verwenden, wenn der Hund gar nicht reagiert.

Das »Hier« unter Ablenkung braucht viel Übung. Aber wenn Sie konsequent bleiben und den Hund niemals bestrafen, sondern immer loben, wird es mit Sicherheit bald gut funktionieren.

Was aber soll man tun, wenn der Hund auf Rufen nicht kommt? Um sicherzustellen, daß das erst gar nicht geschieht, halten Sie sich bitte schon während des Lernens an die Grundregel, nur einmal »Hier« zu rufen. So bleibt Timmy aufmerksamer, und man steigert sich selbst nicht in ein mehr oder weniger hysterisches Geschrei hinein, das vielleicht auch noch den Adrenalinspiegel steigen läßt, Emotionen heraufbeschwört, die am Hund ausgelassen werden. Auch ein frustriertes oder wütendes Abwenden begreift Timmy nicht. Für Sie selbst ist das einmalige Rufen ebenfalls eine psychologische Hilfe. Die Stimme wird bestimmter und nachdrücklicher, das spürt auch Ihr Hund.

Weiterhin sollte man einen günstigen Moment zum »Hier«-Rufen abpassen. Möchten Sie vermeiden, daß er zu einem anderen Hund läuft, rufen Sie bitte nicht erst, wenn Timmy bereits drei Meter vor ihm steht, sondern schon sehr viel früher.

Was aber tun, wenn Sie »Hier« gerufen haben, und er kümmert sich nicht darum? Wenn Sie felsenfest davon überzeugt sind, daß er Sie wirklich nicht gehört hat, versuchen Sie bitte, seine Aufmerksamkeit zu erhalten, indem Sie seinen Namen sagen und von ihm weggehen. Noch einmal rufen Sie »Hier«. Kommt er diesmal auch nicht, gehen Sie ruhig zu ihm hin, nehmen ihn an die Leine, sagen das Kommando und geben ihm einen leichten Ruck. Ist er bei Ihnen, loben Sie ihn mäßig, gehen ein Stückchen weiter und rufen ihn nochmals. Dabei sollten Sie keine Wut

haben, aber doch ein wenig Strenge in Ihrem Gesicht zeigen.
Nun machen Sie ihn los, rufen gleich noch einmal »Hier«. Bei
Ihnen angekommen, wird er kräftig gelobt und darf wieder frei
laufen. Besser aber ist es, diese Situation zu vermeiden. Sie rufen
also zuerst nur den Namen. Wenn Timmy darauf nicht reagiert,
wird er es auch auf »Hier« nicht. Üben Sie also schwierige Situationen erst einmal mit der langen Leine, und beginnen Sie mit
kleinen Schritten. Wer zu früh zu viel erwartet, kann alles Gelernte wieder verderben. Lernt der Hund aber schrittweise, unter
Ablenkung zu folgen, wird es Situationen, in denen er gar nicht
kommt, selten geben.

Für Hunde mit eisernen Nerven, und die »Hier« bereits gelernt
haben, kann sich eine Wurfkette als sinnvoll erweisen. Ruft man
den Hund, und er folgt nicht, kann man die Kette hinterherwer-
fen, nicht auf ihn allerdings, und darauf hoffen, daß es ihn so beeindruckt, daß er tatsächlich auch kommt. Ein Überraschungseffekt ist dies allerdings nur beim ersten Mal, dann wird es kaum
mehr möglich sein, die Kette vom Hund unbemerkt zu werfen.
Manche Hunde lassen sich dadurch allerdings herzlich wenig beeindrucken. Und andere werden davon so erschreckt, daß sie erst
einmal in die entgegengesetzte Richtung rennen.

**Der Einsatz einer Wurfkette muß sehr überlegt sein und ist mit
Sicherheit kein Dauerzustand.**

Grundsätze:

– Haben Sie Geduld.

– Rufen Sie immer nur einmal.

– »Hier« bedeutet auch »Hier«. Brechen Sie nicht aus Un-
geduld oder Zeitmangel ab. In solchen Fällen rufen Sie
besser gar nicht, sondern holen den Hund kommentar-
los.

– Was immer passiert, loben Sie Ihren Freund, wenn er
kommt.

- Rufen Sie nicht dauernd Ihren Hund. Es stumpft ihn ab. Lassen Sie ihn ruhig gewähren, solange die Situation es erlaubt.

- Rufen Sie ihn zwei- oder dreimal täglich zu sich, nur, um mit ihm zu spielen oder ihn zu streicheln. Wird er nur in »negativ besetzten« Situationen gerufen, zum Beispiel, wenn er an die Leine muß, wird er bald nicht mehr kommen.

- Rufen Sie den Hund bereits vorher bei seinem Namen, dies macht ihn aufmerksamer.

»Hier« beim Welpen

Haben Sie einen Welpen, ist das Herkommen in den ersten Wochen kein Problem. Klein und schutzlos, ausgestattet mit einem natürlichen Nachfolgetrieb, läuft der Knirps hinter Ihnen her, sobald Sie sich entfernen und er ein bis zwei Tage Zeit hatte, sich an Sie zu gewöhnen. Wird diese Zeit sinnvoll genützt, lernt er das »Hier« sehr schnell. Wenn er mit Artgenossen spielt, lassen Sie ihn längere Zeit gewähren. Diese Kontakte sind für ihn sehr, sehr wichtig. Wird das Spiel für ihn allmählich uninteressant, gehen Sie weiter. Erst wird es der Kleine gar nicht bemerken. Wenn er dann aber kurz das Spielen unterbricht, dann rufen Sie seinen Namen. Jetzt ist er aufmerksam geworden. Er sieht, daß Sie weggegangen sind, möchte aber weiter toben, was ihm ja sehr viel Spaß macht. Für den Hund also ein Konflikt. Sie rufen nochmal seinen Namen. Sind Sie sicher, daß er Sie jetzt anschaut, rufen Sie »Hier«, laufen von ihm weg und gehen dann in Hockstellung. Dadurch werden Sie optisch kleiner, erscheinen also noch weiter weg. Der Kleine wird Ihnen sehr schnell nachrennen, will er doch den Schutz des »Rudelbosses« nicht verlieren. Jetzt wird er gelobt, mit Streicheln oder Spielen.

Man darf nicht zu früh zu viel von einem Welpen verlangen. Wenn ihn sehr viel ablenkt, fällt es ihm schwer, auch noch daran zu denken, was »Hier« bedeutet, oder er reagiert im kindlichen Freiheitsdrang einfach nicht. Seien Sie weniger ängstlich. Auch ohne daß Sie ständig rufen, läuft der Welpe nicht weg. Er kommt von ganz allein immer wieder zu Ihnen. Erscheint er zu frech oder zu selbständig, drehen Sie einfach ab und zu ohne Kommentar um, gehen unterschiedliche Richtungen und Wege. Strolch lernt sehr schnell, daß er aufpassen muß, um Sie nicht zu verlieren.

Bei dieser Gelegenheit möchte ich erzählen, wie dasselbe Spiel unter Hunden vor sich geht. Zu meinem erwachsenen Rüden kam der Welpe dazu. Er lief dem Großen immer nach, egal wohin. Manchmal aber war er einfach zu langsam. Dann setzte er sich hin und schrie jämmerlich. Weil der andere darauf aber nicht reagierte, nahm der Kleine die Füße in die Pfoten und raste wie wild hinterher. Hatte er den Großen dann endlich erreicht, war seine Welt wieder in Ordnung. Heute ist er selbst erwachsen. Aber immer noch unternimmt er mit dem inzwischen ergrauten »Papi« fast alles gemeinsam. Man kann daraus lernen, daß die vielzitierte »Alphaposition«, also die oberste Stellung in der Beziehung Mensch-Hund nichts mit Macht und Unterdrückung, nichts mit ständigen Unterordnungsübungen oder Strafen zu tun hat. Zum »Alpha« macht Sie Ihr Hund selbst, wenn Sie ihm Sicherheit geben und Verständnis. Früher oder später, mit ca. sechs Monaten, erreicht der Hund eine Phase, die manchmal viel Nerven kostet. In dieser Zeit sollte man sich eine kräftige Portion Humor zulegen, damit man über die trickreichen Einfälle des Juniors lachen, zumindest aber schmunzeln kann.

Fast jeder kleine Strolch kommt auf folgende, glorreiche Idee: Rufen Sie »Hier«, weil Sie nach Hause möchten, »vergißt« er alles, was er bisher gelernt hat. Statt dessen bleibt er ein paar Meter vor Ihnen stehen, bellt vielleicht, hüpft herum und jagt dann in lustigen Kreisen um Sie herum. Er macht alles für Sie, bloß kommt er nicht her. Die Versuchung ist groß, ihm hinterherzulaufen, ihn einzufangen und zu schimpfen. Aber das sollte man nicht! Denn wenn Sie hinterher rennen, beteiligen Sie sich an seinem Spiel, oder aber er bekommt Angst. Fangen werden Sie Ihren Hund sowieso nicht, und wird er geschimpft, versteht er nichts. Bleiben Sie also ruhig stehen und schauen ihm leise lächelnd zu. Irgendwann wird er müde, und es langweilt ihn, ohne Publikum durch die Gegend zu rasen. Hat er genug, nehmen Sie ihn ruhig an die Leine und gehen nach Hause. Wollen Sie nicht so lange warten, rennen Sie einfach davon, und zwar so oft, bis er sich freiwillig nehmen läßt. In dieser Phase braucht der Hund ein wenig mehr Übung. Deshalb rufen Sie ihn schon öfter mal während des Spaziergangs zu sich her, warten, bis er kommt und nehmen ihn kurz (drei bis vier Sekunden) an die Leine. Dann darf er wieder frei laufen. Damit erreichen Sie, daß der Hund das »Hier« nicht nur mit Freiheitsberaubung verbindet, es bleibt aber ein gewisser Überraschungseffekt, wann er nun wirklich nach Hause muß und wann nicht.

»Hier« beim Tierheimhund

Mit einem erwachsenen Tierheimhund, der das »Hier« nicht kennt, absolviert man die oben genannten Grundübungen, führt ihn im Freien allerdings an einer 10-m-Leine. So vermeidet man bei sich selbst die Angst, daß er vielleicht davonlaufen könnte, und man unterliegt nicht der Versuchung, ständig zu rufen oder gar die Geduld zu verlieren. Ein entspannter Spaziergang ist aber für einen vorgeprägten Hund sehr wichtig, Freilauf kann er später in Ruhe genießen. Erst aber muß er lernen, Ihnen zu vertrauen. Ihm muß Zeit gelassen werden, das Vergangene zu verarbeiten, schlechte Erfahrungen zu vergessen mit Hilfe guter, die er nun sammelt. Mancher Hund braucht länger, der andere weniger, je nachdem, wie alt er bereits ist oder wie schlecht es ihm vorher ging. Mit ihm sollte man besonders liebevoll und geduldig üben, er braucht es.

Der beste Lehrer ist Ihr Hund selbst. Beobachten Sie ihn, lernen Sie ihn kennen. Wann folgt er weniger? In diesen Situationen muß intensiver geübt werden. Wie reagiert er auf Sie, Ihre Stimme, Ihre Bewegung? Wie reagieren Sie auf ihn? Bald werden Sie gelernt haben, wie Sie Timmy am besten überzeugen können zu kommen, und er wird, je nach Temperament und Lerneifer, mit wehenden Ohren auf Sie zurennen.

»Sitz« und »Platz«

Diese Übungen werden zwar als Grundregeln des Erziehungs-ABC's angesehen, sind in der Praxis aber seltener notwendig als so mancher denkt. Wieder ist der Grundgedanke: Wozu braucht der Hund diese Lektionen?

Zum Beispiel um den Hund ruhig zu halten, ohne ständig auf ihn einwirken zu müssen, was im Auto, im Bus, in Lokalen nützlich sein kann. Da das Sitzen allerdings ermüdend ist, und der Hund dazu neigt, sich nach längerer Zeit davonzumachen oder hinzulegen, gibt es das Kommando »Platz«. Sich setzen oder legen sind natürliche Verhaltensweisen des Hundes, er muß also nichts Neues lernen, sondern nur den Befehl mit der richtigen Handlung beantworten. Einem ruhigen Hund werden diese Übungen leichter fallen als einem hektischen Läufer, der vielleicht auch noch ängstlich ist. Ein scheuer Hund, mag er noch so gehorsam sein, wird nicht liegenbleiben, wenn ein Fremder versucht, über ihn zu steigen. Ein ausgeglichener Hund dagegen könnte ohne weiteres als Sprunghindernis für Jogger dienen, was man nun nicht unbedingt in der Praxis ausprobieren sollte...

Wieder also muß man den Hund beobachten, und der Erfolg läßt sich nicht normen und in Minuten oder springenden Joggern messen. Das Maß ist der eigene Hund! Haben Sie also Ambitionen, mit Timmy Prüfungen abzulegen, wählen Sie schon beim Kauf die geeignete Rasse oder Mischung und nicht gerade einen Windhund oder Husky.

Mit folgender Übung lernt Ihr Hund leicht »Sitz«: Nehmen Sie ein Leckerchen zwischen Daumen und Zeigefinger und führen Sie es langsam an der Nase des Hundes entlang nach oben, Richtung Ohren, und zwar so, daß er mit der Nase dem Futter folgt. Um das Fressen zu erreichen, wird er sich setzen, denn dadurch kann er seinen Kopf höher hinauf strecken. In dem Moment, in dem Ihr Hund im Begriff ist, sich zu setzen, sagen Sie leise »Sitz«. Wenn er sitzt, geben Sie ihm das Leckerchen und sagen »Gut Sitz«. Zur Unterstützung können Sie Ihre Hand leicht auf seine Kruppe legen. Diese Übung ist zwanglos, denn der Hund macht von sich aus das, was Sie möchten.

»Sitz«

Anders bei der Methode, den Hund hinten herunterzudrücken und vorne am Halsband hochzuhalten: Gegen sie sträuben sich die meisten Hunde. Bei einer ausgewachsenen Dogge bracht man auch sehr viel Kraft und fügt ihr unter Umständen Schmerzen zu. Der Erfolg ist zwar der gleiche, nämlich, daß unser Hund sitzt. Die freundlichere Methode aber ist der anderen deutlich vorzuziehen. Es ist zu beachten, daß man dem Hund »jetzt lauf'« sagt, wenn er wieder aufstehen darf (zu Beginn schon nach wenigen Sekunden). So lernt der Hund, sitzen- oder liegenzubleiben, bis man etwas anderes sagt.

Auch wenn Sie sehen, daß sich Ihr Hund gerade hinsetzen will, können Sie »Sitz« sagen und ihn mit »Gut Sitz« loben. Es dauert zwar vielleicht ein wenig länger, bis er auf diese Weise das Kommando lernt, aber der Erfolg ist derselbe. Dasselbe Verfahren können Sie auch bei »Platz« anwenden.

»Platz« braucht allerdings manchmal leichten Zwang. Zuerst allerdings versucht man es wieder mit Freundlichkeit, ähnlich wie bei »Sitz«! Die Hand mit dem Leckerchen streicht langsam an den Vorderläufen des bereits sitzenden Hundes Richtung Boden und zieht dann nach vorne von ihm weg. Seine Nase folgt dem Futter. Um es zu erreichen, legt sich der Hund vielleicht schon hin. Wenn nicht, klopft man leicht auf den Boden. Während der Hund sich hinlegt, sagt man leise »Platz«, liegt er, wird er belohnt. Ruhe ist angesagt, denn wenn man zu begeistert ist, steckt man den Hund an und er springt auf, noch bevor er richtig am Boden war.

Hilft das nicht, nimmt man sanft seine Vorderbeine in die Hand, zieht sie leicht nach vorn und legt den Hund hin. Auch hierbei muß der Hund bereits sitzen. Beim Welpen ist das keine Schwierigkeit, eine Dogge allerdings kann daraus einen Ringkampf veranstalten, der damit endet, daß man selbst liegt und nicht der Hund.

Für Hunde, die dazu neigen zu beißen – aus Angst oder weil sie sehr dominant sind – ist diese Methode nicht zu empfehlen. Der ängstliche Hund bekommt sehr leicht Panik, die es ihm unmöglich macht sich hinzulegen. Mit dieser zarten Seele übt man ge-

»Platz«

duldig die freundliche Methode, obwohl sich hier die Frage stellt,
inwiefern er diese Übung wirklich braucht. Denn der ängstliche
Hund neigt zur Flucht. In Streßsituationen wird er sich freiwillig
niemals hinlegen, und wenn man ihn dazu zwingt, setzt man ihn
zu sehr unter Druck, was seine angeknacksten Gefühle nur
schwer ertragen. Hier ist es besser, sich auf das »Sitz« zu beschränken. Er kann seine Welt, die ihm ja offensichtlich Angst
macht, weiter beobachten, und er bleibt trotzdem still. Geht man
mit solch einem Hund in ein Lokal, wird er sich sowieso in der
dunkelsten Ecke verkriechen und mit Sicherheit nicht den
menschlichen Schutz aufgeben. Ein dominanter Hund sollte
nicht auf diese Weise gezwungen werden, sich hinzulegen, da dies
eine Unterwerfung bedeutet, gegen die er sich wehren wird.

»Sitz« kann auch dann angewandt werden, wenn Sie den Hund
gerufen haben. Dann soll er möglichst nahe vor Ihnen sitzen. Das
ist eine gute Bremse für Hunde, die nur kurz »Hallo sagen«, ihr
Leckerchen nehmen und wieder weglaufen. Auch für Sie ist es
wieder eine Hilfe, konsequenter zu bleiben, nämlich, daß »Hier«
wirklich »Hier« bedeutet und nicht nur, daß Ihr Hund in Ihre
Richtung läuft.

Wenn sich der Hund also setzen soll, nachdem er auf den Ruf »Hier« zu Ihnen gekommen ist, ist es notwendig, daß er das Kommando »Sitz« bereits beherrscht. Ansonsten kann es leicht chaotisch werden.

Nun rufen Sie Timmy. Dieser kommt zu Ihnen, wie er es gewohnt ist. Anstatt daß Sie ihn nun aber sofort loben, halten Sie einen Ball oder ein Leckerchen vor Ihre Brust und sagen »Sitz«. Dabei ist es wichtig, daß Sie Ihren Oberkörper nicht nach vorn beugen, sondern eher ein wenig nach hinten. Sonst »stoßen« Sie den Hund von sich, er wird sich also bereits einen Meter von Ihnen entfernt niedersetzen. Nun loben Sie ihn kräftig. Dies üben Sie eine Zeitlang, bis der Hund es sicher beherrscht.

Der nächste Schritt ist, daß Sie nicht mehr sofort »Sitz« sagen, sondern nur noch die Hilfe in der erhobenen Hand halten. Idealerweise setzt sich Timmy, sonst müssen Sie doch noch zart den Befehl geben.

Kann er auch dies, geben Sie auch keine Hilfe mehr mit der Hand. Timmy setzt sich nun bereits automatisch, wenn er zu Ihnen gekommen ist. Darauf müssen Sie aber nun immer bestehen: Das »Hier« ist für den Hund erst dann vollendet, wenn er vor Ihnen sitzt.

»Bleib«

Das Verharren im Sitzen oder Liegen ist nun der weitere Schritt. Wieder beginnen Sie in der Wohnung, geben den Befehl, also »Sitz, bleib« oder »Platz, bleib« und warten neben dem Hund, je nach seinemTemperament, eine Sekunde oder ein wenig mehr. Sie sollten nicht so lange warten, bis er von selbst aufstehen will. Das würde bedeuten, daß Sie ihn korrigieren müssen, ihn also zurück an den selben Platz führen und das Kommando erneut geben. Besser ist es, wenn der Hund lernt, für das Ausharren gelobt zu werden, um dann wieder »befreit« zu sein. Timmy begreift allmählich, was Sie von ihm wollen, und Sie können die Zeit langsam verlängern und zu Minuten übergehen. Außerhalb der Prüfungswelt ist das in der Praxis selten notwendig. Es zählt hier vielmehr das gemeinsame Üben, eine gemeisterte schwierige

Übung für den Hund. Diese Macht kann man allerdings nur zu leicht mißbrauchen: Timmy in der prallen Mittagssonne ewig sitzen zu lassen, einen wasserscheuen Hund in eine Pfütze abzulegen, mag das Ego vielleicht auf seltsame Weise befriedigen, zeigt es doch, wie überlegen der Mensch ist, und wie gehorsam der Hund. Ein wenig Feingefühl ist angesagt.

Das Liegen- oder Sitzenbleiben wird so lange über mehrere Tage wiederholt, bis der Hund sicher einige Minuten liegenbleibt, ohne daß Sie ihn noch korrigieren müssen.

Dann geben Sie wieder das Kommando und gehen nur einen Schritt vom Hund weg. Dabei beobachten Sie ihn. Will er Ihnen folgen, gehen Sie sofort zurück, sagen »Nein« sowie streng »Bleib« und entfernen sich wieder. Nach einer Weile gehen Sie wieder zu Timmy zurück, warten ein wenig, loben ihn dann und lassen ihn wieder laufen.

Mit Zeit und Geduld üben Sie nun täglich einige Minuten das »Platz, bleib« und entfernen sich dabei immer ein Stückchen weiter weg von Timmy. Bis Sie etwa 10–15 Meter entfernt stehen können, vergehen in der Regel zwei bis drei Wochen! Diese Zeit sollte man sich nehmen. Wenn Ihr Hund länger braucht, dann ist das nicht schlimm. Geduld und ein langsamer, schrittweiser Aufbau der Übungen ist wichtig. Nur so kann sich der Hund das Gelernte »merken«.

Endziel dieser Lernphase ist, daß Ihr Hund in größerem Abstand von Ihnen etwa eine Viertelstunde liegenbleibt. Dabei sehen Sie Timmy bitte nicht an, denn das kann in ihm soviel Druck aufbauen, daß er aufsteht und zu Ihnen kommt. Bei Hundeprüfungen wird der Hund aus »Platz« heraus abgerufen, d. h. man ruft den Hund und er kommt zu seinem Besitzer. Normalerweise braucht man diese Übung nicht. Der Hund sollte statt dessen lernen, immer zu warten, bis er wieder geholt wird. Es ist ein kleiner psychologischer Trick. Ruft man ihn ab, erwartet man von seinem Hund Aufmerksamkeit und die Bereitschaft, daß er sofort auf das Rufen reagiert. Er wartet also auf das dementsprechende Kommando und ist immer ein wenig »auf dem Sprung«. Dauert es ihm zu lange, geschieht es leichter, daß er einem nachläuft. Einfacher ist es, daß der Hund lernt, erst dann wieder aufzustehen, wenn man neben ihm ist. Das ist eine kleine Hilfe für den Hund.

Nun kommt der wirklich schwierige Teil dieser Übung: Der Hund soll liegenbleiben, auch wenn er Sie nicht mehr sieht. Dazu gehen Sie erst nur hinter einen Baum, hinter Gebüsch usw. Auch das wird aufbauend geübt, später dann zusätzlich unter Ablenkung – bis man in Ruhe einkaufen gehen kann und der Hund draußen wartet.

Das soll aber gar nicht das Ziel sein.

Was Sie mit dieser Übung erreichen können, ist, daß Ihr Hund ein wenig Selbständigkeit lernt. Er muß allein auf Sie warten, lernt, gehorsam zu sein, auch wenn Sie nicht mehr in unmittelbarer Nähe sind. Es ist eine gute Grundübung auch für die Hunde, die nicht allein bleiben können.

Da das eine sehr schwierige Lektion ist, sollte der Hund schon eine gewisse Reife und Ruhe haben, also etwa mindestens sieben bis acht Monate alt sein. Weiter sollte man auf seinen Charakter achten. Ein ängstlicher Hund wird nicht mitten auf dem Marktplatz liegenbleiben, nur weil Sie das wollen. Dies hat nichts mit Ungehorsam zu tun, sondern vielmehr hat dieser Hund einen noch zum Teil sehr starken Fluchtinstinkt, den er in solchen Situationen nicht mehr unterdrücken kann.

Wieder also zeigt der Hund selbst die Grenzen dessen an, was in der Theorie zwar möglich ist, nicht immer aber in der Praxis.

»Aus«

Ein Hund sollte lernen, alles auf Befehl hin auszulassen. Das kann dann sehr notwendig werden, wenn er gerade von der Straße fressen möchte. Oft nehmen Hunde dabei Gift auf.

Immer, wenn der Hund etwas aus seinem Maul fallen läßt, zum Beispiel seinen Ball, sagt man »Aus« und lobt ihn. Auch, wenn Sie ihm den Ball aus dem Maul nehmen, geben Sie das Kommando und loben ihn wieder. Mit der Zeit weiß er, daß »Aus« loslassen bedeutet.

Nun stellen Sie sich vor ihn und sagen »Aus«. Befolgt das der Hund, wird er belohnt. Macht er es nicht, nehmen Sie den Gegenstand aus dem Maul. Auch dies wird so oft geübt, bis es der Hund zuverlässig kann.

Dann üben Sie mit einem Kauknochen. Diesen kann Timmy nicht sofort verschlucken. Sie sagen wieder ein wenig streng »Aus«. Dem Welpen nehmen Sie dabei den Knochen sofort aus dem Maul, er soll keine Gelegenheit erhalten, damit das Weite zu suchen. Dann wird er gelobt und erhält seinen Knochen wieder. Bei einem erwachsenen Hund kann ein Ruck mit der Leine notwendig werden. Das wird so oft geübt, bis Timmy auch Freßbares sofort ausläßt.

Die Leine und Leinenführigkeit

Wenn Sie den Hund an der Leine führen, so ist es wichtig, die Leine immer locker zu halten.

Eine auf Zug gehaltene Leine erzieht den Hund erstens zum Ziehen. Zweitens schafft sie Aggression, da sich der Hund sehr viel stärker mit Ihnen verbunden fühlt.

Die Leine ist nicht zum Festhalten da. Sie ist vielmehr eine verlängerte Hand, die den Hund sicher an Straßen entlangführt und eine wichtige Hilfe in der Erziehung ist.

> Der Hund trägt dabei ein gewöhnliches Leder- oder Kettenhalsband und niemals ein Würge- oder gar Stachelhalsband!

Wenn der Hund zieht, erfolgt ein kurzer Ruck mit der Leine. Das bremst ihn. Wichtig dabei ist es, die Größe und das Gewicht des Hundes zu beachten. Leicht segelt zum Beispiel ein Yorkshire durch die Luft, wenn unangemessen stark mit der Leine geruckt wird. Auch manche großen Hunde reagieren extrem empfindlich und beginnen fürchterlich zu winseln, wenn man einen Ruck gibt. Es ist also wichtig, erst einmal sanft zu rucken, damit Sie wissen, wie Timmy darauf reagiert.

Sie halten die Leine locker durchhängend in der Hand. Der Ruck findet immer seitwärts nach vorne statt. Dadurch wird der Hund, der zieht und ja vor Ihnen gehen will, unvermittelt nach vorne gerissen. Deshalb bremst er ab und geht neben Ihnen. Weiter ist es wichtig, die Leine nicht nach oben zu ziehen; der Hals des Hundes und die ruckende Hand sollten in einer gedachten Waagerechten auf selber Höhe liegen. Bei kleinen Hunden muß man sich also entsprechend bücken.

Der Ruck ist kurz, zackig, angemessen stark, und die Leine wird danach sofort wieder locker gelassen. Dies bedarf einiger Übung. Bitten Sie hierzu einen Bekannten um Hilfe. Dieser hält die Leine am Ende fest in der Hand und steht links neben Ihnen. Nun geben Sie den Ruck. Ihr Bekannter kann Ihnen nun sagen, ob er wirklich ruckartig war oder zu langsam oder ob er seinen Arm nur nach seitwärts-vorn zog.

Wenn man seinen Hund an der Leine führt, ist nichts nerviger, als wenn er mit voller Kraft zieht. Tut das ein Yorkshire, fällt es nicht so auf, ein großer Hund dagegen läßt einen bei Glatteis zu einem Eistänzer werden. Die Leine heißt erst einmal Einschränkung. Der Hund kann nicht in der Geschwindigkeit laufen, in der er möchte, und gute Gerüche kann er nicht näher begutachten. Ein bis zwei Meter neben Herrchen oder Frauchen hat er dahinzutrotten, und Timmy findet das meist sehr langweilig. Die Leine gibt ihm aber auch Schutz, an der Straße zum Beispiel.

Der Welpe wird am Anfang noch gar nicht ziehen. Er hoppelt fröhlich dicht neben Ihnen her. Schon das können Sie unterstützen und ihn loben. Sollte er doch energisch ziehen, geben Sie ihm einen zarten (und zwar wirklich nur einen zarten) Ruck, der ihn bremst. Sie bestimmen Tempo und Richtung. Will der Kleine unbedingt irgendwohin und zieht, geben Sie nicht nach, denn das würde sein Ziehen belohnen. Läuft er vor Ihnen und zieht, drehen Sie einfach um, so daß er lernt, auf Sie zu achten. Wenn Sie sein Nichtziehen und seine Aufmerksamkeit geduldig belohnen, wird er den Leinenbereich von ein bis zwei Metern tolerieren. Wichtig ist es jedoch, dem Welpen von Anfang an Freilauf zu geben, damit er seine Welt erkunden kann.

Manche Welpen setzen sich aber einfach hin und gehen keinen Schritt weiter. Hier brauchen Sie ein wenig Geduld. Sie locken ihn munter weiter und loben ihn, wenn er geht. In diesem Fall sollten Sie keinen Ruck geben und den Welpen auch nicht einfach hinter sich her ziehen!

Schwieriger ist der erwachsene Hund, der schon einige Zugkraft entwickelt hat und vielleicht auch noch mit Würger oder Stachelhalsband zum ordentlichen Gehen gezwungen werden sollte. Diese Hunde sind abgestumpft und nur schwer von ihrer Leidenschaft abzubringen.

> Versuchen Sie niemals, mit Würge- oder Stachelhalsbändern Ihrem Hund das Ziehen abzugewöhnen. Das sind Gewaltmaßnahmen, die er sicherlich nicht braucht und die sowieso selten nützen.

Man kann sich natürlich entschließen, mit dem Ziehen zu leben. Besitzer von kleinen Hunden tun dies des öfteren, da sie es nicht als störend empfinden.

Wer nicht damit leben will, sollte sich als Ziel setzen, einen Hund zu haben, der überall anständig an der Leine geht, ohne daß man noch eingreifen muß. Je länger der Hund bereits die Möglichkeit hatte, an der Leine zu ziehen, um so schwieriger ist dieses Unterfangen.

Es gibt Hunde, die auf den Ruck mit der Leine prompt reagieren und sofort aufhören zu ziehen. Einige Male praktiziert, gehen sie nun immer ordentlich an der Leine. Andere Hunde allerdings lassen sich kaum davon beeindrucken, sie ziehen weiterhin immer wieder. Hier dürfte »Bei Fuß« am hilfreichsten sein.

»Bei Fuß«

Diese Lektion verlangt vom Hund und von Ihnen viel Konzentration. Es ist eine schwierige Übung, die man mit einem Welpen noch nicht lernen sollte. Man sollte bescheiden anfangen. Es ist sehr viel besser, zehn Meter zu gehen und dabei auf ein korrektes »Fuß« zu achten, als sofort fünf Minuten zu marschieren und den Hund ständig zu rucken, also zu strafen. »Bei Fuß« erfordert sehr viel Geduld.

Folgendermaßen sollten Sie vorgehen: Sie nehmen den Hund an die Leine und lassen ihn links neben sich sitzen. Die Leine, die Sie in der rechten Hand halten, sollte locker durchhängen, aber nicht zu lang sein. Sonst können Sie den Hund nicht korrigieren. Dann sagen Sie »Fuß« und gehen los. Stürmt der Hund nach vorn oder geht zu weit von Ihnen, geben Sie ihm einen Ruck mit der Leine. Geht er dann richtig, also an Ihrer linken Seite, loben Sie ihn. Ein vor den Bauch gehaltenes Leckerchen oder ein Ball kann eine große Hilfe sein, denn so geht nämlich Timmy meist von sich aus »bei Fuß«! Um dabei jedoch das Schräggehen zu verhindern, gehen Sie an einer Mauer oder einem Zaun entlang. So muß der Hund dicht bei Ihnen bleiben.

Die ersten Übungen gehen über wenige Meter nicht hinaus. Denn der Hund muß sich stark konzentrieren und erst einmal lernen, um was es geht. Vergessen Sie bitte dabei nicht, das richtige Gehen zu loben. Bleiben Sie dazu aber nicht stehen, sondern gehen weiter. Eine schnelle Gangart ist sehr sinnvoll, sie ist für den Hund interessanter und macht ihm mehr Spaß.

Hat er das Grundprinzip verstanden, gehen Sie eine längere Strecke und machen dabei auch Links- und Rechtsbiegungen sowie achterförmige Figuren. So erhöht man die Aufmerksamkeit des Hundes, und es wird für ihn spannender. Die Übung » Bei Fuß« sollte immer mit »Sitz« begonnen werden. Das gibt dem Hund Zeit, sich zu konzentrieren. Auch zum Schluß der Übung sollte er sich setzen – als Bremse, nicht einfach loszustürmen.

Hunde, die deshalb ziehen, weil sie sehr hektisch sind, bräuchten sehr viele Rucke mit der Leine, um richtig zu gehen. Beruhigt wird der Hund dadurch nicht. Hier kann es sich als lohnenswert zeigen, selbst sehr ruhig und langsam zu gehen und immer stehenzubleiben, wenn der Hund zieht. Dabei kann sich der Hund auch etwas beruhigen, außerdem lernt er, daß er mit dem Ziehen genau das Gegenteil erreicht von dem, das er möchte, nämlich davonstürmen. Diese Methode ist allerdings sehr langwierig, und man braucht dazu viel Zeit.

Bei Hunden, die auf einen Leinenruck nicht reagieren, kann man folgendes versuchen: Sie lassen die Leine etwa zwei Meter lang. Immer, wenn Timmy nun zieht, drehen Sie einfach um und gehen in die entgegengesetzte Richtung. Dann muß er Ihnen nachgehen. Weil ihn dieses ständige Umdrehen aber langweilt und er weiter lernt, daß Sie es sind, die Tempo und Richtung bestimmen, kann sich vielleicht so ein Erfolg einstellen.

Versuchen Sie weiter, herauszufinden, womit Sie Ihren Hund aufmerksam machen können. Vielleicht reagiert er auf »Schau her«, auf den gezeigten Ball oder auch darauf, daß Sie lockend auf Ihren rechten Oberschenkel klopfen. Alle freundlichen Wege sind erlaubt, um ihm das Ziehen abzugewöhnen. Diese Hilfen müssen aber im Laufe der Zeit abgebaut werden, sonst geht Ihr Hund nur dann bei Fuß, wenn Sie ständig rucken oder ihm das Futter vor die Nase halten.

Einem Hund, der zurückbleibt, sollte man keinen Ruck geben. Das hemmt ihn nur noch mehr. Statt dessen sollte man ihn motivieren, weiterzugehen, zum Beispiel durch Klopfen auf die Oberschenkel, munteres Drauflosgehen o. ä.

Das »Bei Fuß« ohne Leine, die sogenannte Freifolge, ist etwas für Profis unter den Hunden. Dazu muß man den Hund wirklich unter Kontrolle haben. Im Zweifelsfall nehmen Sie den Hund also an die Leine. Möchten Sie dennoch die Freifolge mit Ihrem Hund erlernen, ist es wichtig, daß das »bei Fuß« an der Leine perfekt funktioniert. Kein Leinenruck, kein Leckerchen, kein Aufmerksammachen sollte mehr notwendig sein. Sonst endet die Freifolge damit, daß Sie ständig »Fuß« sagen müssen, damit der Hund an Ihrer Seite bleibt – und das ist nicht der Sinn der Sache.

Erziehung im täglichen Leben

Straßensicherheit

Eine Straße sollte für den Hund so etwas wie eine unüberwindliche Grenze sein, die er nur mit Ihnen überschreiten darf. Dabei ist zu berücksichtigen, daß ein Hund niemals verstehen wird, warum das so ist; leider erkennt er nicht die Gefahr fahrender Autos. Junge Hunde, Hunde, die noch nicht gehorchen und dazu neigen, beim Anblick von Artgenossen loszurennen oder die sehr verspielt oder ängstlich sind, müssen im Straßenverkehr an die Leine. Zu unkalkulierbar ist das Risiko, und zu viele Hunde werden überfahren oder provozieren Unfälle.

Erziehung zur Straßensicherheit heißt folgendes: Vom ersten Tag an, an dem der Hund, ob jung oder alt, Ihr Zuhause bezieht, gilt der strikte Grundsatz, daß er erst dann neben Ihnen über die Straße gehen darf, wenn Sie es erlauben. Am besten lassen Sie ihn vor und nach dem Überqueren sitzen. Wenn Sie das konsequent durchhalten – auch wenn die Ampel gerade auf grün steht – wird sich das vielleicht in Ihrem Hund festigen. Er wird sich irgendwann automatisch hinsetzen.

Dennoch sollten Sie ihn testen: Sie nehmen den Hund an die Leine. Entweder werfen Sie nun einen Ball über eine wenig befahrene und übersichtliche Straße, oder aber ein guter Bekannter, den Ihr Hund gewöhnlich stürmisch begrüßt, macht von der anderen Straßenseite aus auf sich aufmerksam, ruft aber nicht »Hier«!

Wenn Ihr Hund nun auf die Straße rennen möchte, geben Sie ihm einen scharfen Ruck und sagen deutlich »Pfui«. Dann soll er sich an den Straßenrand setzen, und Sie gehen anschließend gemeinsam hinüber. Der Hund hat Ihnen damit gezeigt, daß er in gewissen Situationen eben doch über die Straße läuft. Es ist also besser, er geht ein kurzes Stückchen an der Leine und bleibt Ihnen dafür erhalten. Ich setze hier voraus, daß Sie mit Ihrem Hund nicht inmitten einer zubetonierten Innenstadt ohne Wiesen wohnen. Auf Gehwegen allein hat der Hund sowieso keine artgerechte Bewegungsmöglichkeit!

Anspringen von Menschen

Mutter Wolf kehrt von der Jagd zurück und quietschfidele Welpen lecken sie intensiv an den Mundwinkeln, legen dabei die Ohren an und wedeln fleißig. Daraufhin erbricht die Wölfin ihren Jungen vorverdautes Futter. Dieses Verhalten nennt man »Futterbetteln«. Beim Menschen nennt man es »Anspringen«, obwohl der Welpe ebenfalls nur im Sinn hat, sein Gegenüber mit einem Mundwinkel-Lecken milde zu stimmen.

Diese Freundlichkeit des Welpen ist eine Überlebensstrategie. Er zeigt sich Menschen und auch Hunden sehr unterwürfig, um dem Gegenüber keinen Anlaß zu einem Angriff zu geben.

Strenge ist also das Allerletzte, was der Hund in dieser Situation vom Menschen erwartet! Ein vorgehaltenes Knie, gegen das der Hund springt oder auch der geschickte Tritt auf die Hinterpfoten sollen angeblich das Anspringen verhindern. Man kann damit aber auch erreichen, daß nun ein sensibler Hund bei der Begrüßung auch uriniert oder auf eine Begrüßung verzichtet, da er damit Schmerzen assoziiert.

Anspringen verhindern beim erwachsenen Hund

Als Alternative, die bei den meisten Hunden sehr gut funktioniert und gleichzeitig keine Zurückweisung bedeutet, schlage ich den Einsatz von Händen vor. Wenn Sie der Welpe begrüßt, gehen Sie selbst in die Knie und halten ihn mit der einen Hand von Ihrem Mund fern, mit der anderen streicheln Sie ihn. Dadurch gewöhnt er sich das Anspringen erst gar nicht an.

Beim erwachsenen Hund strecken Sie Ihre Hand, oder auch beide Hände, nach vorn und legen sie auf den Kopf des Hundes. Mit diesem »Brett vor dem Kopf« wird er Sie nicht anspringen können, oder aber er wird gegen Ihre Hände springen. Gelingt es ihm doch, dann drehen Sie sich schnell so, daß Timmy ins Leere springt.

Einen gehorsamen Hund lassen Sie erst sitzen. Dann gehen Sie in die Knie und streicheln ihn. Sie können ihn auch anregen, sich hinzulegen. Mit der Zeit wird er sich dann das Anspringen abgewöhnen – wenn es Sie überhaupt stört.

Man kann dem Hund das Anspringen auch – unbewußt – antrainieren: Manche Menschen gestalten aus dem Wiedersehen mit dem Hund ein riesiges Spektakel, als ob die wenigen Stunden, oder manchmal auch nur Minuten, die sie abwesend waren, Jahre gewesen wären. Natürlich freut man sich über einen zur Begrüßung springenden und auch oft kläffenden Hund, man sollte es aber nicht übertreiben. Übermäßige Freude ist nicht unbedingt ein Liebesbeweis. Sie kann auch von einem sehr unselbständigen Hund kommen, der sehr von Herrchen oder Frauchen abhängig ist.

Was aber tun, wenn der Hund fremde Menschen auf der Straße ebenso stürmisch begrüßt? Das verstößt bei aller Tierliebe gegen die guten Regeln. Oder wären Sie erfreut, wenn Sie wildfremde Menschen plötzlich umarmen und Ihnen einen Kuß geben würden? Wohl eher nein. Auch wenn es der niedliche Welpe macht, Schmutz bleibt Schmutz, und manche Menschen haben auch einfach Angst. Nun aber ist es für den Kleinen Instinkt, eben auch Menschen durch Anspringen zu begrüßen und ganz besonders Fremde. Er will ja einen Angriff verhindern, indem er beschwichtigt. Was unter Hunden auch meist funktioniert, klappt bei Menschen noch lange nicht.

Lenken Sie also Timmy von Menschen ab, die sich nicht erfreut über den näher kommenden Hund zeigen. Andere, die sich freuen, bitten Sie, auch in die Knie zu gehen, ihre Hand auf die Schultern des Welpen zu legen und ihm so das Springen nicht zu gestatten. Oft gibt sich dann dieses »Problem« sehr bald. Wenn der erwachsene Hund zu jedermann überaus freundlich ist, können Sie sich zwar einerseits freuen, andererseits aber ist es oft lästig. Hier ist eine gründliche Erziehung sinnvoll. So können Sie ihn rufen, wenn er anderen gegenüber zu aufdringlich wird. Oder Sie lenken ihn mit einem Ball ab. Man kann manchmal lesen, man solle solch einen Hund von einem Fremden einmal gehörig erschrecken lassen, ob durch Geschrei oder auch einen Nadelstich in die Nase. Das halte ich für absolut ungeeignet. Der Hund erhält die Botschaft: »Fremde Menschen sind böse«. Nur Sie sind dann die »Guten«, denn daß Sie es waren, die diese Intrige geschmiedet haben, weiß der Hund nicht. Je nach Charakter kann die Folge sein, daß er sehr ängstlich wird oder aber auch aggressiv. Neutral wird er sich dann anderen Menschen gegenüber kaum noch verhalten. Ein so »erzogener« Hund, der nur noch seinen Besitzern zugeneigt ist, ist kein besonders treuer, sondern vielmehr ein besonders armer Hund, dem jeder Kontakt zu Fremden verleidet wurde. Stolz braucht man nicht zu sein auf dieses Ergebnis.

Anspringen verhindern beim Welpen

Betteln und Stehlen

Wenn Sie nicht möchten, daß Ihr Hund bettelt, müssen Sie hart bleiben und dürfen ihn kein einziges Mal vom Tisch aus füttern. Es ist auch nicht ratsam, ihn von Fremden Futter annehmen zu lassen. Hört der Hund dann nämlich Tütengeraschel, läuft er vielleicht sofort hin. Und so manches Kind ist auf diese Weise unfreiwillig seinen Keks losgeworden. Wer dem flehenden Blick seines Hundes absolut nicht widerstehen kann, sollte ihm wenigstens hundegerechtes Fressen geben und nicht etwa Kuchen oder Pralinen. Man muß dann aber auch die Konsequenz tragen und sich später einmal mit dem wirklich lästigen Betteln abfinden. Das kann soweit gehen, daß der Hund vor Ihrer Nase den Tisch leer frißt!

Wobei wir schon beim Stehlen wären. Der Hund tut es seltener, wenn Sie da sind, denn dann weiß er normalerweise, daß er bestraft wird. Nein, er stiehlt dann, wenn Sie weg sind, und Sie ihn nicht dafür schimpfen können.

Es soll nun den Trick geben, eine mit Pfeffer präparierte Wurst verlockend nah auf die Tischkante zu legen. Wenn der Hund nun diese Wurst frißt, findet er sie zu scharf, und nach mehreren Erlebnissen wird er »denken«: Das Fressen auf Tischen schmeckt gar nicht gut. Schön wäre es! Ich habe es bei einigen Hunden versucht – kein einziger hat das Fressen wieder ausgespuckt, kein einziger ließ sich davon abhalten, nicht auch das zweite und das dritte Mal zu stehlen.

Ratternde Blechbüchsen, die man geschickt und heimlich aus dem Raum nebenan wirft, können da bei manchen Hunden vielleicht schon eher wirken.

Die genialste Methode wäre wohl, eine Videokamera mit Mikrophon zu installieren, und sie mit dem Fernseher im Nebenraum zu verbinden. Ist das Essen auf dem Tisch so »beschützt«, setzt man sich vor den Fernseher und beobachtet via Bildschirm den Hund. Wenn er nun stiehlt, rufen man ein »Pfui« in den Raum. Nun ist man gottähnlich, unsichtbar und unriechbar weiß man doch Bescheid. Nach einigen Wiederholungen wird der Hund, tief beeindruckt, wahrscheinlich nie wieder das Essen stehlen.

Die einfachste Methode? Sie lassen nichts in Reichweite von Hundepfoten und Hundemäulern stehen, wenn Sie die Wohnung verlassen. Innerhalb der Wohnung sehen Sie mit Hilfe geschickt angebrachter Spiegel, wenn der Hund stiehlt. Dann rufen Sie »Pfui«. So etwas überrascht Hunde immer wieder von Neuem und ist äußerst wirkungsvoll. Vorausgesetzt natürlich, sie respektieren das Pfui überhaupt.

Jogger und Radfahrer

Für manchen Jogger ist die Fitnessrunde im Park ein wahrer Alptraum. Ständig kläffen ihm irgendwelche Hunde hinterher und auch die Hundebesitzer, die ihm zuschreien, ob er denn nicht wisse, daß man bei Hunden nicht laufen solle. Da man schlecht sämtliche Jogger und Radfahrer dazu erziehen kann, wie sie sich tobenden Vierbeinern gegenüber richtig verhalten sollen, bringt man also den Hunden bei, sich anständig zu benehmen.

Besonders unbeliebt sind kleine Hunde, sogenannte Wadenbeißer, da sie ziemlich häufig Läufer attackieren. Nicht, weil sie aggressiver wären, sondern weil sie oft nicht in den Genuß irgendeiner Erziehung kommen. Egal wie klein, es ist dennoch ein ganzer Hund!

Ein Welpe ist voller Neugierde und lernt seine Welt erst kennen. Nun begegnet ihm das seltsame Wesen auf dem Fahrrad oder der hastig »flüchtende« Jogger. Das ist interessant! Der Welpe läuft so ziemlich allem nach, was sich bewegt. Dennoch hat er an Sie eine Bindung. Und das nützen Sie aus! Sobald also ein Radfahrer oder Läufer naht, locken Sie Timmy zu sich und lenken ihn ab. Läuft er schon Richtung »Opfer«, laufen Sie in die entgegengesetzte Richtung. Wenn er Ihnen nachläuft, loben Sie ihn und spielen mit ihm. Dann wird er das Interesse an Joggern und Läufern bald verlieren.

Für den erwachsenen Hund gibt es kein Patentrezept. Sein Verhalten ist ihm bereits Gewohnheit geworden. Der angebellte Mensch hat entweder Angst, bleibt stehen und macht abwehrende Bewegungen – was den Hund noch aggressiver werden läßt. Oder er läuft unbeirrt weiter, was in so manchem Hund ein

»Briefträgergefühl« aufkommen lassen kann: »Juhu, ich habe den Eindringling erfolgreich verjagt«.

Um zu versuchen, dagegenzusteuern, erhält der Hund auch hier erst wieder eine gründliche Grunderziehung, also »Sitz«, »Platz« etc. Gehen Sie mit dem angeleinten Hund in den Park. Naht nun ein Jogger oder Radfahrer, gehen Sie auf ihn zu. Es sollte aber ein guter Abstand eingehalten werden. Kurz vor dem Jogger befehlen Sie zum Beispiel »Fuß«, »Sitz«, machen also kleine Übungen. Sie zwingen den Hund, sich auf Sie zu konzentrieren. Sobald er gegen den Jogger bellt oder knurrt, geben Sie ihm einen Leinen-ruck, sagen energisch »Pfui« und bestehen auf das Befolgen des Kommandos. Dies üben Sie nun konsequent, bis Timmy in dieser Situation wirklich brav ist. So können Sie allerdings nur mit Hunden vorgehen, die nicht aus Angst angreifen – solche Hunde auch noch zu strafen, wäre der größte Fehler!

Als nächstes bitten Sie Bekannte zu Hilfe. Es wäre sehr günstig, wenn er/sie keinen sonderlichen Bezug zu Ihrem Hund hätte. Der oder die Bekannte läuft oder fährt mit dem Rad in einigem Abstand am Hund vorbei. Verhält er sich still, wird der Abstand immer mehr im Laufe der Tage verringert. Dabei sollte der Hund aber nicht bedrängt und Ihr Helfer nicht gefährdet werden! Weiter üben Sie an verschiedenen Orten. Auf diese Weise lernt Ihr Hund, daß Jogger und Radfahrer zu seiner Welt gehören.

Es kann auch helfen, den Hund angesichts von Joggern bzw. Radfahrern sitzen zu lassen und dafür dann zu loben. Das ist sinnvoll, wenn der Hund erst am Anfang dieser Untugend steht. Für »Profis« ist es nur eine zusätzliche Hilfe.

Falls Sie ernsthafte Schwierigkeiten haben bzw. Ihr Hund massiv andere Leute bedroht, wenden Sie sich bitte an einen Ausbilder.

Mit Verkehrsmitteln fahren

Ein moderner Hund muß auch mehr oder weniger mit den heutigen Verkehrsmitteln zurechtkommen. Damit die Fahrt mit dem Auto oder Zug aber kein Drama wird, sollte Timmy frühzeitig damit vertraut gemacht werden.

Haben Sie einen Welpen, können Sie sich seine »Begabung«, überall sehr schnell einzuschlafen, gut zum Vorteil machen. Zuerst gehen Sie also mit dem Kleinen spazieren, bis er müde wird. Danach setzen Sie ihn in das Auto. Und zwar gleich auf seinen Platz, nämlich hinten hin auf den Rücksitz. Es ist eventuell notwendig, ihn mit der Leine festzubinden, damit er nicht doch nach vorne klettert. Denn er muß von Anfang an lernen, daß er im Auto nicht umherwandern darf. Eine Decke auf seinem Plätzchen kann ebenfalls eine Hilfe sein. Nun setzen Sie sich hinter das Steuer und fahren los. Eine kurze Strecke genügt für den Anfang. Sehr positiv ist es, wenn der Welpe inzwischen eingeschlafen ist. Denn das ist ein Zeichen, daß ihn Autofahren nicht sonderlich aufregt. Die Fahrt beenden Sie wieder mit einem kleinen Spaziergang oder einem lustigen Spiel.

Manche Hunde haben aber Angst vorm Autofahren. Hier braucht man mehr Geduld. Setzen Sie sich mit ihrem Welpen und einem Buch ins Auto. Dabei sollte er jedoch nicht angebunden werden. Timmy soll sich in aller Ruhe alles anschauen, lassen Sie ihn dennoch nicht zu Ihnen auf den Vordersitz. Sie können ihm Leckerchen hinlegen, auch sein Spielzeug und seine vertraute Decke. Irgendwann wird Timmy einschlafen. Dann lesen Sie in Ruhe Ihr Buch, bis der Kleine wieder aufwacht. Danach gehen Sie mit ihm spazieren. Mit der Zeit wird er die Angst vor dem Auto verlieren, denn er erfährt darin stets Positives. Erst dann beginnen Sie mit kurzen Fahrten.

Manche Hunde erbrechen. Es kann eventuell bereits eine Lösung sein, den Hund vor der Fahrt nicht zu füttern. In schlimmen Fällen regt sich aber der Hund bereits vor der Autofahrt so auf, daß er zu sabbern beginnt und erbricht, wenn er nur im Auto sitzt. Hier üben Sie erst einmal wieder im stehenden Auto, bis er sich gelassen verhält. Die erste Fahrt sollte dann eventuell mit einem Beruhigungsmittel vom Tierarzt angetreten werden, und sie sollte nur kurz sein. Ob aus Ihrem Hund allerdings jemals ein begeisterter Autofahrer wird, ist zweifelhaft. Je länger er bereits diese Angst vorm Autofahren hatte, um so schwieriger wird es sein, sie zu beheben. Es ist deshalb wichtig, schon bei einem Welpen die notwendige Geduld zu haben.

Es ist sinnvoll, den Hund immer erst warten zu lassen, bevor er aussteigt und ihm erst auf Kommando das Aussteigen zu erlauben. Bei sehr stürmischen Hunden schließen Sie schnell wieder die Autotüre, ohne ihn aber einzuquetschen, oder sagen »Sitz«. Es ist wichtig, daß Timmy nicht einfach hinausstürmt und womöglich auf die Straße rennt. So aber haben Sie Zeit, den Hund noch anzuleinen, wenn nötig. Spätestens bei einem Reifenwechsel auf der Autobahn wird Ihnen der Sinn dieser Übung bewußt werden. Hier nämlich kann ein unkontrolliert aus dem Auto springender Hund schnell zur Katastrophe werden.

Für Bus- und Bahnfahrten sollte der erwachsene Hund das Kommando »Sitz« beherrschen, damit er ruhiger bleibt und nicht mitten im Weg steht. Zunächst sollte man nur eine Station fahren und Timmy langsam an Busse oder U-Bahnen gewöhnen.

Zu berücksichtigen ist auch, daß es für einige Hunde eine Streßsituation bedeutet, im Bus mit vielen fremden Menschen auf engstem Raum zu sein! Sie sollten also wissen, wie Ihr Hund auf Menschenansammlungen reagiert, bevor Sie sich mit Ihm in den Berufsverkehr stürzen. Manche Hunde reagieren nämlich durchaus mit Beißen. Auch sehr ängstliche Hunde, die sich vor Fremden fürchten, sollten nicht in den vollen Bus gezwungen werden. Es wäre eine unnötige Belastung für die zarte Seele...

Hindernisse umgehen

Was für einen Blindenhund ein »Muß« ist, sollte auch Ihr Hund beherrschen: einem Hindernis, ob Mensch, Baum oder Laternenpfahl, so ausweichen, daß er es nicht mit der Leine »mitnimmt«. Das ist bereits im täglichen Leben sehr praktisch, beim Fahrradfahren aber unabdingbar. Sonst wird man unsanft abgebremst, was für alle Beteiligten recht ungesund werden kann.

Sie führen Timmy also an der Leine, auf der Zeichnung geht er auf der rechten Seite. Hier steht nun ein Baum. Läuft Timmy nun rechts um den Baum herum, bleiben Sie stehen. Der Hund wird ebenso abgebremst, da ihn das Hindernis ja zurückhält. Nun locken Sie Timmy mit der Hand wieder zurück, so daß er diesmal dem Baum linksherum ausweicht. Dafür loben Sie ihn tüchtig. Das üben Sie jetzt wieder über einige Tage hinweg. Bald wird er richtigherum ausweichen.

Nun können Sie dasselbe mit Menschen üben. Hierfür bitten sie wieder Bekannte, sich in den Weg zu stellen. Nun hat es Timmy schon recht gut begriffen. Er weiß, daß er um Hindernisse immer so herumlaufen muß, daß sich die Leine nicht verfängt. Er lernt, daß Bäume usw. nicht zwischen ihm und Besitzer/Besitzerin sein dürfen, wenn es weitergehen soll.

Um diese Übung nun für das Fahrradfahren zu festigen, müssen Sie ihn ein wenig in die Enge treiben. Sie gehen also so dicht an einem Baum vorbei, daß er gerade noch zwischen Ihnen und dem Baum Platz hat. Beherrscht Timmy auch das sehr gut, machen Sie es umgekehrt: Sie lassen ihn mit relativ langer Leine (also etwa zwei Meter lang) laufen und steuern wieder ein Hindernis an. Dies wiederholen Sie wieder einige Tage lang.

Nun weiß Timmy, was Sache ist. Jetzt wenden Sie sich dem sportlichen Teil zu und joggen je nach Kondition an Bäumen vorbei. Und zwar so dicht, daß Timmy aufpassen muß und kon-

zentriert bei der Sache bleibt. Wenn er »Pfosten umgehen« ordentlich gelernt hat, dürfte das kein großes Problem für ihn sein. Sollte er sich während des Laufens dennoch verwickeln, weil er nicht aufgepaßt hat, so wird er, da wir ja laufen, recht unsanft gebremst. (Vorsicht also bei kleineren Hunden!) Es ist vermutlich das letzte Mal gewesen, daß er falschherum läuft. Üben Sie aber trotzdem noch einige Male. Nur dann ist es auch sicher, mit dem Hund an Bäumen, Pfosten, Menschen vorbeizuradeln!

Hindernisse überwinden und Treppen steigen

Die freie Natur besteht nicht aus ebenen Wiesen und betonierten Straßen. Viele Hunde lieben es, in hügeligem Gelände zu laufen, durch Gebüsch zu rennen und immer etwas Neues zu entdecken. Gehen Sie mit Ihrem Hund einmal auf den Hundeplatz. Hier gibt es Wippen, Rohre, Slalomlauf etc. Der Hund lernt, seinen Körper besser wahrzunehmen, auf das Gelände mehr zu achten. Geübt wird das Überwinden dieser Hindernisse mit viel Geduld, in kleinen Schritten und niemals mit Zwang. Manche Hunde brauchen ein wenig länger, um die anfängliche Unsicherheit zu überwinden.

Ein Hund, der viele Gelegenheiten hat, sich in der Natur zu bewegen, läuft nicht gegen Bäume. Er lernt, nach vorn zu sehen, erhält ein Gespür für Gefahren. Im Wald bieten gefällte Baumstämme einen guten Spielplatz. Der Hund selbst findet noch viele Möglichkeiten, wenn Sie ihm diese Freude lassen. Auch, wenn der Park so nah vor Ihrer Haustüre liegt, sollten Sie Ihrem Hund mehr zeigen als gemähte Wiesen und gepflegte Wege. Ein bißchen Spannung braucht der Hund.

Vielleicht haben Sie gelesen, daß ein junger Hund niemals Treppen steigen sollte. Nehmen wir an, Sie haben einen Bernhardiner und sich an diese Regel streng gehalten: Um seine Gelenke zu schonen, haben Sie ihn so lange die Treppen hoch und runter getragen, wie es eben nur ging. Oder Sie haben ein Haus mit Garten, und das Treppensteigen war für ihn nie notwendig. Nun ist er ausgewachsen.

Sie haben die Absicht, eine Woche Urlaub zu machen und beschließen, mit der Bahn zu fahren. Den Koffer in der einen Hand, den Hund an der Leine in der anderen denken Sie bereits an eine Woche Bauernhof. Doch plötzlich bleibt Berni stehen. Gigantisch tun sich vor ihm angsteinflößende Treppen auf. Noch dazu aus recht glattem Material. Nichts, kein Leckerchen, kein Ziehen, kein Schimpfen kann Berni veranlassen, da hinaufzusteigen. Er beginnt zu zittern, er verkrampft sich so, daß er nicht einmal mehr stehen kann. Sie hören das Pfeifen des Zuges, der gleich abfahren wird. Vermutlich ohne Sie, denn bis Sie es vielleicht geschafft haben, Berni hinaufzumanövrieren, ist es schon zu spät.

Treppen steigen will gelernt sein. Es ist richtig, daß ein Welpe und junger Hund Treppen nicht ständig hinauf- und hinunterlaufen soll, aber ab und zu ist es notwendig, um es ihm vertraut zu machen. Führen Sie den jungen Berni also gelegentlich einige Stufen hinauf, dabei lassen Sie ihm natürlich Zeit. Bald wird er seine Angst verlieren, und Treppen werden kein unüberwindliches Hindernis mehr darstellen.

Problematischen Boden meistern

Auch der Boden, auf dem man geht, kann Probleme bescheren. Ein Hund, der nur auf Wiesen und Wegen läuft, kommt auf einem Marmorboden ganz schön ins Rutschen. Sind aus diesem Material auch noch Treppen, ist es ganz vorbei. Also wieder heißt es: Machen Sie bereits den Welpen mit verschiedenen Böden vertraut. So behält er in allen Lebenslagen den Boden unter den Füßen.

Auch Brücken lehren manchen Hunden das Fürchten, vor allem jene aus Holzplanken, durch die der Hund in die Tiefe direkt unter sich blicken kann. Manch Vierbeiner läßt sich dann kaum hinüberlocken. Mit solchen Situationen sollte der Hund bereits in Welpen- und Jugendtagen vertraut gemacht werden.

Mit einem erwachsenen Hund muß man sie mit sehr viel Geduld und Leckerchen oder dem Ball üben. Um keine unliebsamen Überraschungen zu erleben, testen Sie mit dem ausgewachsenen Neuzugang, ob er mit diesen Schwierigkeiten zurechtkommt. Ansonsten fährt der Zug so manches Mal ohne Sie ab.

Gegenstände bringen

Wenn Sie mit Ihrem Hund Ball spielen, ist es sehr angenehm, wenn er Ihnen den geworfenen Ball auch wieder zurückbringt. Apportieren ist keine leichte Lektion, der Hund sollte die Kommandos »Hier« und »Aus« bereits vorher sicher beherrschen. Im Alltagsleben genügt es völlig, daß Timmy den Ball zu Ihnen bringt, ziemlich egal, wie, Hauptsache daß er es tut. Im strengen Prüfungsleben allerdings gibt es feste Regeln. Auf diese möchte ich aber nicht sonderlich eingehen.

Das Schwierigste beim Apportieren ist, daß der Hund mit dem Ball zu Ihnen zurückläuft und ihn Ihnen gibt. Da Sie diese Übung nur fürs Spiel gebrauchen, ist jede Form von Zwang fehl am Platze. Hat Ihr Hund keine Freude an dem Spiel Ballwerfen, d. h. interessiert er sich für einen Ball überhaupt nicht, brauchen Sie diese Lektion auch nicht. Hier spreche ich also nur die ballbegeisterten Vierbeiner an und deren Besitzer, die an diesem Spiel beteiligt sein möchten.

Es gibt Hunde, die dem geworfenen Gegenstand eifrig und fröhlich nachlaufen, ihn aber nicht aufnehmen. Oder aber der Hund rennt mit dem Ball muntere Kreise und gibt ihn nicht her.

Wenden wir uns dem erstgenannten Fall zu: Sie müssen einen Gegenstand auswählen, den der Hund gerne trägt. Das kann ein Handschuh oder eine mit Leckerchen gefüllte kleine Tasche sein, oder aber auch ein nicht sofort freßbarer und größerer Kauknochen. Die Vorübung besteht nun darin, dem Hund beizubringen, diesen Gegenstand auf Befehl hin zu tragen.

Für das Apportieren muß der Hund die Kommandos »Hier« und »Aus« sicher beherrschen. Weiter darf es nicht mit Hunden ausgeführt werden, die ihr Fressen Ihnen gegenüber verteidigen. Apportieren ist also nur für Hunde geeignet, die Ihnen alles, wirklich alles, ohne Knurren oder Zähnefletschen überlassen!

Sie gehen auf eine ruhige Wiese und leinen den Hund an. Dann geben Sie Timmy zum Beispiel den Kauknochen mit dem Befehl »Nimm«. Timmy wird sich das kaum zweimal sagen lassen. Vorausgesetzt, er hat genug Hunger. Deshalb sollte man ihn nicht direkt vor dieser Übung fressen lassen. Anstatt daß er aber nun diesen Knochen verspeisen darf, gehen Sie zügig mit ihm einige Meter. Dabei loben Sie ihn kräftig mit »Guuuuut, halt fest« oder ähnlichem. Der Hund soll sich mit seiner »Beute« wirklich stolz fühlen. Dann lassen Sie sich den Gegenstand mit »Aus« (dieses Kommando sollte er wirklich bereits beherrschen) geben. Das sagen Sie bitte jedoch nicht zu streng, damit Timmy nicht meinen muß, etwas Verbotenes zu tun. Wenn er ihn nur unfreiwillig hergeben möchte, ist das ein gutes Zeichen dafür, daß er diesen Gegenstand gerne behalten würde und gerne trägt! Sie haben also richtig gewählt. Als Belohnung für sein Aus erhält er entweder eine größere Portion Leckerchen oder aber einen sehr kleinen Kauknochen.

Dieses Tragen der Beute erweitern Sie nun täglich über eine immer länger werdende Distanz. Dazu legen Sie den geliebten Gegenstand vor den Hund auf den Boden und er darf ihn erst auf den Befehl »Nimm« aufnehmen. Dabei dürfen Sie aber Timmy nicht in seiner Begeisterung hemmen. Es wird weder »Sitz« noch »Platz« noch sonst etwas befohlen. Sie zeigen dem Hund den Knochen, er will ihn haben. Sie loben ihn bereits dafür! Dann werfen Sie Timmy den Knochen vor die Nase und sagen sofort »Nimm«, was er auch tun wird. Während er den Gegenstand trägt, loben Sie immer wieder mal mit »Guut, halt fest«. Auf diese Weise lernt er zwei Kommandos kennen: »Nimm« bedeutet einen Gegenstand aufzunehmen, »Halt fest«, ihn zu tragen.

Wenn dies schon über eine Strecke von 50 bis 100 m klappt, dann haben Sie wirklich viel erreicht und können zum nächsten Schritt übergehen. Etwa 200 m, bevor Sie Ihr Zuhause erreichen, geben Sie Timmy in der bekannten Weise den Knochen. Diesen darf er nun heim tragen und dort in aller Ruhe verspeisen. Auch hier wird das nach-Hause-Tragen immer mehr verlängert. Das Ziel ist, daß Timmy diesen Gegenstand zuverlässig aufnimmt und trägt.

Nun kann es aber passieren, daß er ihn fallen läßt. Gehen Sie dann ein gutes Stück weiter. Timmy aber zieht vermutlich nach rückwärts, da er seinen Knochen ja wieder haben will. Tut er das nicht, haben Sie einen ungeeigneten Gegenstand für diese Übung gewählt. Die »Beute« sollte dem Hund schon einiges wert sein. Zieht er rückwärts, ist dies gut so. Sie gehen dennoch ein Stück weiter, Timmy soll den Verlust seines geliebten Knochens noch ein wenig ausleben. Dann drehen Sie um. Im Idealfall will Timmy sofort zum Knochen. Sind Sie dort angelangt, sagen Sie »Nimm«, und loben ihn ganz begeistert. In Zukunft wird er auch besser aufpassen. Zur kurzen Erinnerung: Bei all dem ist der Hund an der Leine.

Trägt er seine Beute nun also sicher nach Hause, gehen Sie in Ihrer Übung weiter: Jetzt machen Sie Timmy an eine 10-m-Leine fest. Sie zeigen ihm den Knochen oder einen anderen Lieblingsgegenstand, machen ihn ein wenig gierig darauf und werfen ihn etwa fünf Meter weit, auf keinen Fall aber weiter als die zehn Meter. Timmy stürmt sofort los. In dem Moment, da er ihn aufnimmt, sagen Sie »Bring«. Das ist noch nicht sonderlich neu, denn es klingt für ihn wie »Nimm«. Dann rufen wir, nicht streng, »Bring Hiiiiier«, gehen dabei, falls nötig, in Hocke. Es ist wichtig, dies alles spielerisch und sehr gelockert zu gestalten, damit Timmy den Gegenstand nicht fallen läßt. Er läuft also mit dem Knochen im Maul zu Ihnen her. Sie loben begeistert: »Guuuut Bring«. Ist Timmy bei Ihnen angekommen, greifen Sie nach dem Gegenstand und zerren daran. Im Idealfall läßt er nicht los. Sie loben ihn und gehen ein Stück weiter. Erst dann lassen Sie sich den Knochen geben und loben Timmy dafür wieder mit einem guten Leckerchen.

Das üben Sie wieder so oft, bis Timmy es an der langen Leine zuverlässig beherrscht. Mit zuverlässig meine ich, daß er auf das Kommando »Bring« sofort mit dem Gegenstand im Maul kommt, ohne daß Sie zusätzlich noch »Hier« rufen oder Timmy mit der langen Leine am Weglaufen hindern müssen. Erst dann gehen Sie zum nächsten Schritt über: »Bring« ohne lange Leine, aber mit dem geliebten Gegenstand. Dies sollte nun eigentlich ohne Schwierigkeiten funktionieren. Timmy hat bis jetzt immer nur mit seinem Knochen oder ähnlichem geübt. Nun ist die Zeit gekommen, daß er den Ball und jeden anderen Gegenstand bringt. Voraussetzung dafür ist, daß Timmy an den bisherigen Übungen seinen Spaß hatte und ihm die gemeinsame Beschäftigung mit Ihnen viel Freude macht.

Während der Zeit des Lernens darf man niemals das Kommando »Bring« rufen, wenn man den Ball wirft. Die Gefahr, daß der Hund ihn nicht aufnimmt, ist groß. »Nimm«, »Halt fest« und »Bring« gelten vorerst nur für den sicher getragenen Gegenstand! Auch spielt man nicht mit dem Übungsknochen außerhalb der Trainingsstunden. Also bitte keinen Übereifer!

Timmy hört nun also auf die Kommandos, die für das Apportieren notwendig sind. Nun nehmen Sie einen Handschuh oder ein altes Handtuch oder etwas anderes aus Stoff, das Ihr Hund bisher öfter mal in seinem Maul hatte. Sie halten ihm diesen Gegenstand vor die Nase und sagen »Nimm« mit einem kleinen strengen Unterton. Nimmt er ihn nicht, können Sie darin seinen Übungsknochen einwickeln. Diese Hilfe wird aber selten notwendig sein. Wenn er ihn nimmt, dann zeigt er, daß er verstanden hat, was Sie von ihm möchten.

Nun werfen Sie den Handschuh und sagen »Bring«. Dieser ganze Vorgang ist ihm ja nun bekannt, nur der zu bringende Gegenstand hat sich verändert. Macht Timmy dieses Spiel Spaß, wird er keine Probleme haben. Wenn er nun den Handschuh bringt, dann können Sie zum Ball übergehen. Zur Sicherheit können Sie auch immer wieder mit dem Knochen am Anfang üben, aber dies ist wahrscheinlich gar nicht mehr notwendig. Sie können ihn nun theoretisch alle geworfenen Gegenstände bringen lassen.

Von den Anfängen bis zum sicheren Apportieren vergehen Wochen und manchmal Monate. Sie sollten nicht zu schnell vorgehen und nicht zu früh zu viel erwarten. Ein geduldiges, aber dafür gründliches Arbeiten macht sich bezahlt.

Der Hund, der einem den Ball nicht geben will, braucht diesen langwierigen Aufbau mit Knochen nicht. Hier lernt man mit dem Hund, sollte er es nicht bereits können, erst einmal sorgfältig »Hier«, »Sitz« und »Aus«. Dann holt man wieder die lange Leine, wirft den Ball ein Stückchen und sagt »Bring«. Der Hund läuft los, schnappt den Ball und will seine üblichen Kreise und Fangen spielen. Das geht nun aber nicht. Man ruft lockend »Hier«. Eigentlich müßte er ja nun auch kommen. Man lobt bereits, wenn er auf einen zu läuft, sehr begeistert »guuuutes Hiiiier, guuuut Bring«. Ist er da, hält man die Leine kurz genug, damit er nicht ausweichen kann und sagt »Aus«. Danach lobt man ihn kräftig und gibt ihm den Ball. Wird dies gründlich geübt, hat er schnell kapiert und man wird keine lange Leine mehr brauchen.

Nun können Sie gut mit Ihrem Hund spielen, ohne immer den Ball selbst holen zu müssen. Ein kleiner Grundsatz sollte noch bestehen: Wenn Sie »Bring« rufen, nehmen Sie dem Hund nicht immer den Ball weg, sondern kämpfen scheinbar darum, lassen ihn gewinnen und mit der Beute seinen Sieg feiern. Dann hat er noch mehr Spaß daran.

Weiter kann Ihr Hund nun lernen, bestimmte Dinge mit einem Wort zu verbinden und zu bringen. Sie werfen zum Beispiel einen Schuh und sagen: »Bring Schuh«, dabei betonen Sie deutlich das Wort Schuh. Wenn er dies gut beherrscht, stellen Sie den Schuh sichtbar mitten im Raum auf. Dann zeigen Sie darauf und sagen wieder das entsprechende Kommando. Zur Not tippen Sie den Schuh ein wenig an. Bringt Timmy ihn dann auch hier sicher, stellen Sie den Schuh nicht mehr in die Mitte. Timmy weiß aber nun, was »Bring Schuh« bedeutet und wird ihn suchen, finden und bringen.

Mit diesem Verfahren können Sie ihn einige Dinge unterscheiden lehren. Wichtig ist dabei, mit einem neuen Gegenstand immer erst dann zu beginnen, wenn das andere gut verstanden wird und Timmy auf »Bring Schuh« den Schuh und nichts anderes bringt. Sonst lernt er nicht, Dinge auseinanderzuhalten.

Gegenstände suchen

Dies ist eine andere Lektion, die vielen Hunden Freude macht. Weniger geeignet dafür sind vermutlich *Windhunde*, denn sie sind Sichtjäger und arbeiten weniger mit der Nase. Für *Jagd-* und *Schäferhunde* ist es mit Sicherheit eine sinnvolle Beschäftigung.

Bereits beim Welpen kann man damit beginnen. Wichtig ist es dabei aber, den Kleinen nicht zu überfordern. Er soll im Spiel dazu veranlaßt werden. Eine kurze Suche, also ein schneller Erfolg ist in den Anfängen wichtig! Dasselbe gilt für den erwachsenen Hund.

Wenn Sie mit einem Ball spielen, können Sie Ihn gelegentlich schnell hinter sich verstecken. Der verdutzte Hund wird sich umschauen und beginnen, den Ball zu suchen. Sie sagen dabei: »Such«. Wenn ihn der Hund nicht gleich finden kann, rollen Sie den Ball vor seine Nase, damit er nicht frustriert aufgibt. Weiter können Sie Leckerchen verstecken. Sie zeigen sie dem Hund, der sie natürlich haben will. Statt dessen aber soll er sie suchen. Natürlich müssen sie so leicht versteckt werden, daß ein schneller Erfolg möglich ist. Wenn Sie diese Übungen stets mit dem Kommando »Such« verbinden, wird Ihr Hund dieses Spiel bald begreifen.

Sucht Timmy begeistert, gehen Sie einen Schritt weiter. Dazu zeigen Sie ihm wieder Leckerchen. Dann aber sperren Sie den Hund kurz in ein anderes Zimmer, so daß er Sie nicht beobachten kann. Sie verstecken das Futter, das noch relativ leicht zu finden ist. Nun lassen Sie den Hund herein und sagen »Such«. Dieses Kommando wird nicht streng, sondern mit einem anfeuernden Unterton gegeben. Timmy, der ja inzwischen weiß, worum es hierbei geht, wird eifrig suchen und seine Belohnung finden. Auch dies wiederholen Sie so oft, bis es der Hund sicher beherrscht. Dies wird meist nur wenige Tage dauern. Wichtig ist wieder, den Hund nicht zu überfordern, d. h. ihn weder extrem lang noch viele Male hintereinander suchen zu lassen. Dies würde ihm den Spaß verderben. Nun können Sie das Ganze im Freien auf einer ruhigen Wiese üben. Dazu brauchen Sie einen Handschuh oder ähnliches. Wenn Sie der Hund nicht beobachtet, legen Sie den Gegenstand hinter einen Baum oder unter ein wenig Laub und legen darunter etwas Futter. Der Hund sollte den Handschuh nicht sofort sehen können, denn er soll ja mit der Nase und nicht mit den Augen suchen. Dann rufen Sie Timmy zu sich und schicken ihn aus etwa zehn Metern Entfernung auf die Suche. Es ist empfehlenswert, ihn mit dem Wind zu schicken, d. h. der Wind kommt von hinten, damit Timmy lernt, dicht am Boden zu suchen. Im anderen Fall nämlich bläst ihm der Duft von Futter förmlich in die Nase und er braucht diesem nur nachzugehen.

Timmy stürmt los und sucht. Bald wird er fündig, wenn nicht, helfen Sie ihm ein wenig. Beim Versteck angekommen, sollte er sich dann entweder hinlegen oder aber den Handschuh bringen. Für den Privatgebrauch ist dies gleichgültig. Sie sollten sich nur für eine Variante entscheiden. Und es ist natürlich notwendig, daß Timmy dann bereits apportieren kann. Soll er dort liegen bleiben, bis Sie kommen, man nennt dies »Verweisen«, sagen Sie »Platz«. Kann er dies noch nicht auf die Entfernung, gehen Sie zu dem Hund hin, während er noch frißt und befehlen ihm »Platz«, der Gegenstand liegt zwischen seinen beiden Vorderläufen.

Dieser Vorgang wird weiter in dieser Weise geübt, mit allen möglichen Gegenständen, die Ihren Geruch haben. Die Suchlänge kann ein wenig verlängert werden. Ist der Hund sicher und freudig bei der Sache, beginnen Sie, das Futter nicht mehr jedes Mal unter den Gegenstand zu legen, um es dann ganz zu unterlassen.

Doch auch dem Profi sollte man immer wieder einmal schnelle Erfolge ermöglichen. Nur ein Hund, der wirklich Spaß am Suchen hat, wird auch zuverlässig bis zum Finden bei der Sache bleiben. Der Weg führt vom Einfachen zum Schwierigen! Das Können und die Begeisterung des Hundes müssen dabei berücksichtigt werden.

Diese Suche wird Stöbersuche genannt, der Hund sucht also ganz selbständig. Wer mit seinem Hund fährten möchte – der Hund verfolgt also zielstrebig eine menschliche Fährte – sollte vielleicht nicht die Stöbersuche zuerst lernen. Beim Fährten werden gefundene Gegenstände verwiesen oder nur aufgenommen, nicht gebracht.

Allein bleiben

Fast kein Hund ist 24 Stunden am Tag mit Menschen zusammen. Vielmehr verbringt er eine gewisse Zeit allein mit sich selbst. Wenn der Hund das gelernt hat, kann man ihn bis zu sechs Stunden zu Hause lassen. Dies richtet sich aber sehr nach dem individuellen Hund, auf keinen Fall darf man einen Welpen so lange allein lassen. Sehr unabhängige, selbständige Vierbeiner haben kaum Probleme damit, während unsichere Hunde die Nachbarschaft zusammenheulen. Soweit aber sollten Sie es nicht kommen lassen. Denn dieses Schreien des Hundes bedeutet, daß er mit seiner Situation nicht fertig werden kann. Er protestiert auf seine Weise.

Für längere Zeit allein lassen sollte man einen Hund erst ab etwa sieben Monaten. Dann ist er genügend gefestigt. Bis dahin fördert man seine Selbständigkeit. Wer keine Zeit dazu hat, sollte sich keinen Welpen anschaffen!

Wenn der Welpe müde wird und sich zurückzieht, nutzen Sie die Chance und gehen kurz weg. Der Hund registriert zwar noch, daß Sie gehen, will aber seine Ruhe. Auch, wenn er gerade in ein schönes Spiel vertieft ist, gehen Sie gelegentlich in ein anderes Zimmer, ohne ihn zu rufen. Ein sehr junger Welpe wird Ihnen noch folgen, aber mit etwa vier Monaten erkundet er schon ein wenig selbst seine Umwelt und wird Ihnen nicht mehr auf Schritt und Tritt nachlaufen. Er bleibt also bei seinem Spiel. Dieses kurze Alleinsein, ich rede hier nur von einigen Minuten, gibt dem Hund die Gewißheit, daß Sie wiederkommen. Beherrscht er das nun schon sehr gut, können Sie ein wenig üben.

Sie machen erst einmal einen Spaziergang und spielen mit dem Hund. Müde wird er sich zurückziehen. Nun sagen Sie ein wenig strenger »Bleib« und gehen einfach kurz aus der Wohnung. Dann gehen Sie zurück, und zwar noch bevor der Hund zu winseln beginnt. Hier ist Fingerspitzengefühl notwendig. Sie machen aus dem Wiedersehen kein allzugroßes Tamtam. Vielmehr gehen Sie ruhig in die Wohnung und setzen sich erst einmal hin. Denn je dramatischer und emotionaler Sie Abschied und Begrüßung gestalten, um so mehr wird sich der Hund hineinsteigern. Wer sich von seinem Hund nicht trennen kann und ihn deshalb erst streichelt, freundlich sagt, man komme gleich wieder, braucht sich nicht zu wundern, wenn der Hund mitmöchte.

Wird das Alleinbleiben langsam aufgebaut und dabei das Alter und die Fähigkeit des Hundes beachtet, wird er nicht frustriert zu bellen anfangen. Wichtig ist, daß Sie ihn davor ausreichend bewegen und er zu Hause Spielzeug hat. Meist wird er sowieso schlafen.

Ein fester Schlafplatz ist dafür eine sehr gute Lösung. Günstig ist eine Art Höhle, also ein Ort, der nur von einer Seite her offen ist. Dort kann er sich sicher fühlen. Meist muß man seinen Hund nicht einmal dazu erziehen, daß er dort schläft oder den Kauknochen frißt, denn er geht freiwillig dorthin.

Ein erwachsener Hund aber, der das Alleinsein nicht ertragen kann, ist nur schwierig umzuerziehen. Ihm sollten Sie ebenfalls einen sicheren Schlafplatz geben. Üben Sie mit ihm, daß er in sein Körbchen geht und dort auch bleibt. Der Hund soll nicht ständig an Ihnen »kleben«. Sie sagen also »Geh Korb« und führen ihn dorthin. Dann sagen Sie »Platz«, was er bereits gelernt hat. Zu Beginn braucht er nur wenige Minuten dort zu bleiben, Sie sollten dann langsam die Zeit auf etwa eine halbe Stunde ausdehnen. Kommt der Hund bei dieser Übung wieder zu Ihnen, führen Sie ihn streng zurück. Nach einiger Zeit gehen Sie zu ihm, sagen »Jetzt lauf« und spielen mit ihm. Dies ist wichtig, damit er sich nicht zurückgestoßen fühlt und er seine Anspannung wieder positiv abbauen kann.

Wenn der Hund längere Zeit liegenbleiben kann, gehen Sie zum nächsten Schritt über. Der Hund muß aber schon so weit sein, daß er ziemlich entspannt im Hundekorb liegenbleibt. Er hält es also aus, über einen gewissen Zeitraum ohne Ihre absolute Nähe auszukommen. Sie verlassen die Wohnung, schicken aber davor den Hund in sein Körbchen. Allerdings befehlen Sie kein »Platz«! Weiter geben Sie Timmy einen Kauknochen, damit er beschäftigt ist. Sie gehen zur Türe. Folgt Ihnen Timmy, führen Sie ihn wieder zurück. Dann gehen Sie aus der Wohnung. Es wäre günstig, wenn Sie zu einem Nachbarn gehen. So kann man hören, ob der Hund bellt oder nicht. Vor der eigenen Wohnungstür stehenzubleiben, ist nicht ratsam. Das merkt der Hund und jault vielleicht dann gerade deswegen.

Wenn Sie nichts hören, gehen Sie nach etwa zehn Minuten wieder nach Hause – aber ohne großartige Begrüßung. Erst nach einer kleinen Weile loben Sie Ihren Hund. Hat er bereits an seinem Knochen genagt, fühlt er sich schon einigermaßen sicher. Denn hätte er sehr gelitten und nur auf Sie gewartet, hätte er auch nicht gefressen.

Diese Übung und auch das weitere Fördern einer gewissen Selbständigkeit erscheinen mir als der beste Weg. Denn in langsamen Schritten lernt der Hund, sich an die Situation zu gewöhnen, ohne daß er im Dauerstreß ist.

Die Methode, beim kleinsten Winseln die Türe aufzustoßen, ein donnerndes »Pfui« zu rufen und sofort wieder zu verschwinden, kann bei manchen Hunden sehr effektiv sein. Andere dagegen bellen jetzt erst recht begeistert, weil man wieder da war. Manchmal hilft auch das Radio, das man leise anstellt, wenn man die Wohnung verläßt. Allerdings beginnen manche Hunde, mitzubellen, wenn in der Werbung z. B. auch ein Hund bellt.

Auf keinen Fall aber darf man den winselnden Hund trösten! Das bestärkt ihn in seinem Verhalten, und er lernt es nie allein zu bleiben. Zeit und Geduld sind notwendig, der Hund lernt nicht von heute auf morgen.

Schwierige Hunde – Problemhunde?

Jagende Hunde

Ein selbständig jagender Hund wird schnell verurteilt. Man braucht nicht einmal bis zum Wolf zurückzugehen, es genügt, sich heutige Hunderassen zu betrachten: Von etwa 400 sind dreiviertel den zur Jagd verwendeten zuzuordnen. Ein Wild zu verfolgen, ist ein tief sitzender Instinkt der meisten Hunde. Glücklich kann sich der Hundebesitzer schätzen, dessen Hund keine Jagdambitionen vorweist.

Es wird gesagt, ein jagender Hund sei ein unerzogener Hund, und er wäre in seiner Welpenzeit nicht vom Jagen abgehalten worden. Dies mag in manchen Fällen richtig sein. Aber ich stelle hier die Frage, ob es sinnvoll ist, einem Afghanen das Jagen mit ziemlicher Quälerei abzugewöhnen, oder ob es nicht richtiger wäre, sich für den geeigneten Hund zu entscheiden, für eine Rasse, die wenig Tendenz zum Jagen hat oder relativ leicht davon abzubringen ist.

Wenn man sagt, ein Hund darf nicht jagen, mißt man im Grunde nach menschlichen Maßstäben. Oder stört es so sehr, daß in den Hunden noch ein Instinkt, ein wenig Wildheit geblieben ist, trotz der vielen menschlichen Bemühungen, den Hund zu domestizieren?

Ich blase nun nicht ins Horn zur fröhlichen Jagd aller Hunde. Nur diesen Gedanken möchte ich sagen, daß die Wahl des richtigen, zu einem selbst passenden Gefährten die allerwichtigste Entscheidung in der Hundehaltung sein sollte. Nicht das Aussehen, nicht der Modehund, der »ganze Kerl« oder Lassie sollen den Hundebesitzer in spe beeinflussen. Er sollte vorher Fachbücher lesen. Und wenn er dann über den Husky liest, daß er zum Wildern neigt und er ein wunderschönes Häuschen am

Waldrand sein eigen nennt, dann kauft er sich (hoffentlich) keinen. Nicht blaue Augen, nicht wolfsähnliches Aussehen bestimmen das Zusammenleben, sondern der Charakter des Hundes. Man wird bald die blauen Augen verfluchen, von denen man sich bestechen lassen hat.

Bei allen Hunden fängt es gleich an! Tapsig hüpfen sie einigen Vögeln nach. Man findet das nicht besorgniserregend, sondern betrachtet es als unschuldiges Spiel. Dann, später, er ist zum Teenie herangereift, ist dieses »Spiel« zum Problem geworden, da der Hund allem hinterherhetzt, ob Vogel, Hase oder Reh. Und nun müßte man es ihm mit ziemlicher Gewalt wieder abgewöhnen, was man ihm früher hat durchgehen lassen. Die Versäumnisse in der Welpenzeit rechtfertigen keine einzige harte Methode!

Wenn Ihr Welpe sich daran macht, ein Tier zu jagen, ihm hinterherläuft – mag es noch so spielerisch aussehen: Es ist der Beginn einer Karriere zum zukünftigen Jäger!

Jedesmal, wenn er zu jagen beginnt, werfen Sie eine Wurfkette vor den Welpen. Er wird kurz stehenbleiben, da er erschrickt, und Sie machen sofort auf sich aufmerksam und rennen in die entgegengesetzte Richtung. Der Welpe wird Ihnen folgen. Ist er bei Ihnen, wird er übermäßig gelobt, und Sie spielen mit ihm. Wenn Sie so verfahren, wird aus ihm vielleicht kein Jäger. Weiterhin sollte er lernen, sich nicht zu weit von Ihnen zu entfernen. Dazu wechseln Sie immer dann die Richtung, wenn der Welpe zu weit vorn läuft. Irgendwann wird er schon merken, daß Sie inzwischen ganz woanders gehen. Mit der Zeit lernt er, aufmerksamer auf Sie zu reagieren. Vielleicht läßt er sich dann auch von einem Reh abrufen. Nur wenn Sie konsequent sind, wenn Sie den Hund niemals, wirklich niemals schimpfen, strafen oder schlecht behandeln, wenn er zu Ihnen kommt, dann haben Sie bei einem geeigneten Hund eine Chance. Dann bringen Sie seinen starken Jagdinstinkt in die Richtung, die wir Menschen bestimmen.

Wenn nicht, dann müssen Sie damit leben. Sie müssen aber dennoch nach Möglichkeiten suchen, Ihrem Hund Freilauf zu geben und wenn Sie dazu täglich in den Stadtpark fahren, in dem es kein Wild gibt.

Der erwachsene Hund, der bereits eine Leidenschaft für das Jagen entwickelt hat, ist nur schwer umzuerziehen, meist gar nicht mehr. Der Gehorsam hilft hier nicht mehr, was ist schon ein Lob oder ein wenig Futter im Verhältnis zum Hetzen? Eine kleine Chance haben Sie vielleicht noch, wenn Ihr Hund auf irgendein Spielzeug absolut versessen ist. Sie nehmen ihn an die lange Leine und gehen in den Wald. Sobald Sie Wild sehen und auch Timmy darauf aufmerksam wurde, rufen Sie ihn und lenken ihn mit dem Spielzeug ab. Es gibt Hunde, bei denen dies wirklich funktioniert. Vielleicht gehört der Ihre ja auch dazu. (Oft wird der Hund das Wild allerdings eher bemerken als Sie...)

Allgemein besteht in tollwutgefährdeten Bezirken Leinenzwang. Hier muß jeder Hund an die Leine. Ebenso meist in Naturschutzgebieten. Zur Morgen- und Abenddämmerung besteht am Waldrand erhöhte Jagdgefahr, da hier das Wild den Wald verläßt, um zu äsen.

Eine Anmerkung für Städter, die den Wald nur vom Wochenendausflug her kennen: In fremder oder nicht oft besuchter Gegend ist der Hund immer aufgeregter als zu Hause. Es kann also durchaus vorkommen, daß er die Hasen im heimischen Park in Ruhe läßt, nicht aber die in weiter Flur. Wenn man sich nicht sicher ist, muß der Hund an die Leine.

Wildern ist ein noch schwieriger zu kontrollierendes Problem. Hierbei setzt sich der Hund ab, sobald er eine Fährte aufnimmt und kehrt unter Umständen erst Stunden später zurück. Die meisten Hunde, die dazu neigen, zählen zu den verschiedenen Jagdhundrassen. Wollen Sie das Wildern verhindern, ist erst einmal wieder eine gute Erziehung notwendig, ebenso aber sind es sinnvolle Aufgabenstellungen und genügend Auslauf für den Hund. Je unausgelasteter Timmy ist, um so mehr »Unsinn« wird er anstellen, um seine Bedürfnisse selbst zu befriedigen. Und weiter gibt es Hunderassen, die auf große Selbständigkeit gezüchtet wurden, so etwa Dackel oder Jack Russell. Ihre Arbeit »unter Tage«, also im Fuchsbau etwa, machte diese Selbständigkeit notwendig. Schließlich konnte der Jäger dem Hund schlecht hinterherkriechen. Es ist aber gerade diese Selbständigkeit, die dem Besitzer manchmal Schwierigkeiten macht und den Hund vielleicht zum Wilderer.

> Jagen ist kein Laster, sondern Instinkt. Um es dem Hund auszutreiben, bräuchte man meist nackte Gewalt. Der jagende Hund ist keine Schande, sondern durch ihn wird aufgezeigt, daß nicht jedes Problem zu lösen ist – auch wenn das manchmal behauptet wird. Man kann versuchen, dem Hund das Jagen auf die beschriebene Weise abzugewöhnen. Aber nicht bei allen Hunden wird man dabei Erfolg haben. Der perfekte Hund, der niemals jagt, ist meist ein Traum!

Motivationslose Hunde

Manchmal wird ein Punkt erreicht, an dem nichts mehr geht. Was Timmy einst mit Begeisterung ausführte, macht er jetzt nur noch mäßig. Die Freude am Lernen und Arbeiten ist erloschen. Oder es hat ihm noch nie wirklich Spaß gemacht. Das nimmt natürlich auch dem Hundebesitzer die Begeisterung. Zunächst sollte man wieder seinen Hund beobachten und überlegen, worin die Ursache liegt.

Es kann sich um einen sehr trägen Hund handeln, der jeden Schritt als zu viel betrachtet. Um diese Gattung zu motivieren, braucht man selbst viel Energie, außer natürlich, man kann das Tier so akzeptieren und möchte es gar nicht ändern. Ein Hund, der keine Lust an irgendeiner sportlichen Betätigung mitbringt, sollte dazu auch nicht übermäßig gezwungen werden, denn einen gewissen »Ehrgeiz« sollte er schon haben.

Zum anderen kann es sich um einen sehr ängstlichen Hund handeln. Weil er überall »Gefahren« wittert, ist er nicht unbefangen genug, um zu spielen oder sich auf etwas zu konzentrieren. Angst hemmt den Hund in allem, das er macht. Diese Art Hund fühlt sich auf Hundeplätzen manchmal sehr verloren und überfordert, und man braucht viel Geduld. Man sollte hier versuchen, in kleinen Schritten die Angst abzubauen. Für größere Prüfungen hat dieser Hund aber selten die Nerven. Man sollte das akzeptieren und etwas kürzer treten. Versager sind diese Vierbeiner mit Sicherheit nicht. Sie sind eben ein wenig anders.

Auch Alter, Übergewicht und Krankheiten können Ursachen für Motivationslosigkeit sein. Im Zweifelsfall sollte man einen Tierarzt aufsuchen. Alte Hunde darf man nicht überfordern, sie zeigen meist selbst ihre Grenzen. Zu dicke Vierbeiner müssen auf Diät gesetzt werden, ihrer eigenen Gesundheit zuliebe. Für Sport sind sie ungeeignet, denn ihr Herz, ihre Gelenke und Bänder könnten davon schweren Schaden nehmen.

Wird mit einem Welpen wenig gespielt, wird er als Erwachsener in der Regel auch kaum spielen. Beginnen Sie also von Anfang an, viel mit ihrem Welpen zu spielen. Dann wird er zeitlebens seine Freude daran haben.

Widmen wir uns nun aber dem ausgewachsenen Hund, den kein Bällchen aus der Reserve lockt, und der auf Kommandos oder Übungsstunden äußerst desinteressiert und lustlos reagiert. Die Gründe hierfür können sein, daß er entweder über längere Zeit hinweg überfordert, zu viel gestraft oder mit zu großer Härte trainiert wurde. Oder aber auch, daß man selbst die Übungsstunden mit wenig Begeisterung und Spaß »durchgezogen« hat.

Haben Sie Timmy also von Welpenzeit an und bemerken plötzlich Lustlosigkeit während der Übungen, müssen Sie sofort reagieren und überlegen, ob Sie Fehler gemacht haben. Es hilft hier meist bereits, die Übungszeiten auf wenige Minuten zu verkürzen, mit sehr viel Lob zu arbeiten und eine Zeitlang auf schwierigere Lektionen zu verzichten. In kleinen Pausen spielen Sie mit ihm, oder kraulen ihn liebevoll. Eine Trainingseinheit beenden Sie immer mit einer Aufgabe, die der Hund gerne macht und sicher beherrscht. Dann wird er richtig begeistert gelobt, auch kleine Leckerbissen sind gut geeignet. Der Hund soll spüren, daß Sie ihn einfach toll finden. Dann wird er sicher bald wieder seine Freude haben.

Schwieriger wird es, wenn Sie sich einen erwachsenen Hund anschaffen, der weder spielt noch sonst etwas begeistert macht. Gründe hierfür können Sie nur vermuten oder auf Grund seines Verhaltens erahnen. Es ist schwierig, einen solchen Hund zu erziehen, weil er auf Belohnung kaum reagiert und sich von aufmunternden Worten nicht beeindrucken läßt. Ein so in sich zurückgezogener Hund lernt natürlich auch langsamer.

Andere Hunde werden durch zu harte Erziehung gebrochen und verlieren dadurch die Lust, haben dafür aber oft Ängste, wenn sie Kommandos erhalten. Dadurch machen sie natürlich erst recht »Fehler«, und sie fürchten eine neue Bestrafung. Daraus ergibt sich ein Grundsatz für die verständnisvolle, artgerechte Hundeerziehung:

> Wenn etwas danebengeht, wenn der Hund nicht mehr das macht, was Sie wollen, sollten Sie ihn dafür niemals strafen, sondern die Übung noch einmal mit Freude und Geduld wiederholen.

Nun haben Sie also solch einen motivationslosen Hund, aus welchen Gründen auch immer. Machen Sie sich zunächst zum Grundsatz, jede Härte, jeden Zwang zu unterlassen, eventuell vorhandene Würge- oder Stachelhalsbänder werfen Sie auf den Müll. Denn jede Form der Gewalt, ob nun psychisch oder physisch, hemmt den Hund immer mehr.

Der nächste Schritt ist, daß Sie mit der Erziehung ganz von vorn beginnen. Jede Übung wird überschwenglich gelobt. Anstatt eine halbe Stunde Unterordnung durchzuexerzieren, beschränken Sie sich auf einzelne Lektionen, die Sie über den Tag verteilen. Es ist wichtig, jede Form der Begeisterung des Hundes, sei sie auch noch so schwach, mit Lob zu unterstützen. Jede Übung sollte nur einmal durchgeführt werden.

Timmy soll zum Beispiel durch ein Rohr gehen. Er macht das auch ganz gut und wird von Ihnen gelobt. Statt aber nun eine andere Lektion zu proben, wird das Ganze noch einmal wiederholt, vielleicht sogar mehrere Male. Timmy verliert die Konzentration und läuft nicht mehr so ordentlich durch das Rohr, oder Sie müssen ihn mehr oder weniger dazu zwingen. Das ist für Timmy natürlich kein Spaß mehr, er verliert seine Freude. Es ist also besser, die Lektion nach einem Mal bereits mit Lob oder Spiel zu beenden. So bleibt die Freude erhalten.

Weil Hunde in fremder, ihnen unbekannter Umgebung meist aufgeregter und auch neugieriger sind, sollten Sie das ausnützen und mit ihnen Ausflüge machen. Der Hund lernt dadurch, Ihnen zu vertrauen, mit der Zeit werden ihm die kleinen Aufgaben wieder Spaß machen. Nun können Sie sich daran machen, ihm in kleinen Schritten etwas Neues beizubringen, das seinen Geist ein wenig mehr beansprucht. Es gibt keine Zeitnorm hierfür, man muß seinen Hund genau beobachten. Aber wenn Sie Geduld und Liebe haben, wird Timmy früher oder später wieder Freude an der Sache haben.

Ein beim Lernen unmotivierter Hund ist es manchmal auch im gesamten Leben. Er macht einen apathischen, desinteressierten Eindruck. Oft gehörte er zu den »Unvermittelbaren« aus den Tierheimen. Jene Hunde also, die seit Monaten oder Jahren den Zwinger gehütet haben, oder immer wieder zurückgebracht wurden. Was man diesen Hunden damit für Leid antut, das wissen diejenigen, die diesen Abgeschobenen ein endgültiges Zuhause geben.

Wenn Sie Glück haben, ist Ihr unmotivierter Hund dennoch ein Freund von Spielen. Dann können Sie die Übungen immer wieder durch Spiele auflockern oder Lektionen auf diese Weise belohnen.

Nicht angesprochen sind hier Besitzer ruhiger Hunde. Auch bei ihnen geht manchmal alles ein wenig langsamer und vielleicht auch mühsamer. Das aber liegt in der Natur solcher Hunde, und sie sind damit auch ausgesprochen zufrieden.

Hektische Hunde

Schwierigkeiten ganz anderer Art haben Besitzer bzw. Besitzerinnen von Hunden mit hektischer Natur. Diese sitzen keinen Augenblick still. Wenn sie in eine fremde Umgebung kommen, platzen sie vor Energie und sind jederzeit auf dem Sprung, sozusagen.

Meist sind sie begeistert bei allem dabei, lernen gerne und zum Teil auch recht schnell. Aber wenn Sie irgendwo mit diesem Hund hingehen, bricht er in Hektik aus: Er beginnt, rasend zu hecheln, ruhiges Liegen ist ihm gar nicht mehr möglich. Wenn Sie jetzt ungeduldig werden und es mit größerer Strenge versuchen, werden Sie wahrscheinlich nur erreichen, daß der Hund nur noch nervöser wird. Auch hektischen Menschen fällt es schließlich schwer, ruhig zu bleiben, sie wirken immer nervös, sind immer auf Achse.

Ein hektischer Hund ist nicht »unnormal«. Wenn er zu Ihnen paßt, gibt es keine Probleme. Sie brauchen nur vielleicht stärkere Nerven.

Manchmal ist man es auch selber, der den Hund in diese Richtung erzieht, meist dann, wenn man selbst ein eher hektischer Typ ist. Die Unruhe wird auf den Hund übertragen. Wen das stört, der sollte zunächst an sich selber arbeiten: tief durchatmen, versuchen, sich zu entspannen und alles ein wenig gelassener zu sehen. Mit dieser inneren Ruhe wirkt man auch auf den Hund beruhigend ein, und er wird auch ein wenig entspannter.

Ein Hund allerdings, der nicht zum Hektiker erzogen wurde, sondern dieses Naturell einfach hat – damit muß man leben. Denn hier würden höchstens Beruhigungsspritzen helfen… Wenn Sie merken, daß Ihr Welpe zur Nervosität neigt, können Sie ein wenig dagegensteuern. Erst einmal beachten Sie Ihren gerade hektischen Hund nicht. Das könnte ihn in seinem Tun nämlich bestärken, da Ihre Aufmerksamkeit, Ihr Kontakt mit dem Hund eine unbewußte Belohnung darstellen könnte. Sie reden also nicht mit ihm, streicheln ihn nicht und schimpfen ihn auch nicht, wenn ihm gerade »der Gaul durchgeht«. Sie bleiben vielmehr selbst ganz ruhig. Manche Hunde allerdings lassen sich mit Worten oder zartem Ohrenkraulen durchaus sehr gut beruhigen. Man sollte also versuchen herauszufinden, womit sich der Hektiker ein wenig beruhigen läßt.

Wann immer der Welpe sich aber in aufregenden Situationen ruhiger verhält, können Sie ihn mit ruhigem Streicheln oder Reden dafür belohnen. Weiterhin besuchen Sie mit ihm schon früh »spannende« Orte und hoffen, daß er sich so daran gewöhnt, daß er keinen Grund mehr hat, sich aufzuregen. Dabei müssen natürlich auch Sie selbst entspannt sein.

Ein hektischer Hund wird aber dennoch in seinem ganzen Naturell hektisch bleiben!

Extrem unterwürfige Hunde

Timmy kommt unterwürfig auf Sie zu, eine Urinspur hinterlassend, wirft sich vor Ihnen auf den Rücken und uriniert weiter. Dieses Verhalten hat nichts damit zu tun, das Timmy nicht mehr stubenrein ist, sondern er teilt auf diese Weise mit, daß Sie seiner zarten Seele gegenüber zu dominant sind. Welpen neigen noch verstärkt dazu, denn sie fühlen sich in der Regel immer sehr weit unten in der Rangliste.

Mit Schimpfen erreicht man das Gegenteil. Der Hund ist ja sowieso schon unterwürfig und will Sie beschwichtigen. »Greifen« Sie aber nun an, indem Sie strafen, wird er sich noch unterwürfiger zeigen und wohl noch ein wenig mehr urinieren.

Auch aus Angst kann ein Malheur passieren. Wieder ist Strafen sinnlos!

Körpersprache des unterwürfigen Hundes

Wenn sich Ihr Hund Ihnen gegenüber zu unterwürfig verhält, dann sollten Sie von Ihrer zu hohen und mächtigen Stellung herabsteigen und weniger Strenge walten lassen.

Daneben üben Sie mit Ihrem Hund geduldig die Grundlektionen und loben ihn wirklich dafür. Timmy muß wieder Selbstvertrauen lernen.

Aggression anderen Hunden gegenüber

Lisa sträubt ihre Haare und geht mit steifem Gang auf die Rivalin zu. Es folgt ein gegenseitiges Beriechen an den Analdrüsen, die beiden stehen dabei parallel zueinander. Dann dreht sich Lisa der anderen Hündin zu und beide blicken sich an. Sie wirken wie erstarrt, es ist wie die Ruhe vor dem Sturm. Lisa kräuselt ihre Lippen und zeigt die Zähne. In diesem Moment ist Lisa zum Explodieren angespannt. Eine Bewegung der Gegnerin, aber auch nur ein Wort von Ihnen, und Lisa attackiert die fremde Hündin. Meist aber genügt dieser bereits die Drohgebärde, und wenn Sie sich nicht einmischen, kommt es eher selten zur Rauferei. Wichtig für Hundebesitzer bzw. -besitzerinnen sind zwei Dinge: Der oder die Angriffslustigere wird durch Ihre Nähe und Ihre Worte, egal ob diese nun beruhigend oder streng ausgesprochen werden, zum Angriff motiviert. Versuchen Sie also, Abstand zu halten. Der oder die Unterlegene sollte nie an der Leine weggerissen werden. Denn dadurch wird der andere Hund erst recht motiviert anzugreifen. Kämpfe zwischen Rüden sind meist harmlos, sie raufen ziemlich laut mit wildem Geknurre, der Streit endet aber meist schnell. Einer wird der Sieger sein, der andere Verlierer. Die am deutlichsten sichtbare Unterwerfung ist der am Rücken liegende Hund, mit eingeklemmter Rute, manchmal uriniert er dabei. Bei den meisten Hunden setzt spätestens jetzt die Beißhemmung ein: Der dominantere Hund wird noch eine Weile drohend stehenbleiben und dann an einem Baum oder einer anderen Stelle markieren, als weiteres Zeichen seiner Überlegen- heit.

Beißhemmung bedeutet, daß der angreifende Hund instinktiv nicht beißt, wenn sich der schwächere unterwirft, also sich auf den Rücken mit eingezogener Rute legt. Beides, sich zu unterwerfen und nicht zum tödlichen Biß anzusetzen, muß der Hund lernen. Hunde mit wenig Kontakt zu Artgenossen zeigen manchmal keine Beißhemmung mehr. Diese Tiere stehen sozial am Rande und stellen eine ernste Bedrohung für andere Hunde dar, zum Teil wohl auch für Menschen.

In der Wohnung oder in anderen geschlossenen Räumen aber kann eine Rauferei zwischen Hunden sehr ernst werden und erst ein Ende finden, wenn es zu spät ist. Das hat mehrere Gründe. Die Wohnung ist das Revier des Hundes. Hier schläft er, hier frißt er, hier findet er Sicherheit. Das alles bekräftigt den Hund natürlich, sein »Reich« mit aller Macht zu verteidigen und Eindringlinge zu vertreiben. Da der Eindringling jedoch nicht fliehen kann, wird bis zum bitteren Ende gekämpft. Das ist wichtig zu wissen, wenn man einen zweiten Hund zu sich holen möchte.

Die erste Bekanntschaft zwischen sich fremden Hunden sollte unbedingt auf neutralem Boden außerhalb des heimatlichen Revieres stattfinden.

Hündinnen dagegen kämpfen, wenn, fast immer hemmungslos und hören von allein nicht auf. Besonders zeigen sie dieses Verhalten, wenn sie läufig sind. Um das zu verstehen, machen wir einen kurzen Ausflug in die Welt der Wölfe. Hier ist in der Regel nur die Alphahündin diejenige, die gedeckt wird und Junge zur Welt bringt. Wachsam unterbindet sie Deckakte zwischen niedriger stehenden Wölfen. Die läufige Hündin betrachtet also andere Hündinnen als Konkurrenz, die sie vertreiben möchte.
Ein Kampf ist etwas sehr Aufwühlendes. Hier noch Ruhe zu bewahren, fällt vielen sehr schwer. Raufende Hunde zu trennen, ist nicht jedermanns Sache, es erfordert Schnelligkeit und sicheres Zupacken. Der Tip, den Hunden einen Eimer Wasser über den Kopf zu schütten, ist im Garten mit Wasseranschluß durchaus hilfreich. Aber wer trägt bei seinem Spaziergang im Park ständig zehn Liter Wasser mit sich herum?

Haben Sie einen Hund, der zum Raufen neigt, und möchten Sie ihn umziehen, beginnen Sie wieder mit dem gründlichen Erlernen der Grundlektionen. Wenn er diese beherrscht, gehen Sie mit Ihrem Hund an einem anderen vorbei, nicht zu nah. Verhält er sich friedlich, wird er gelobt, fängt er aber an zu bellen, sagen Sie »Pfui« und geben ihm einen Ruck mit der Leine. Es ist aber zu bedenken, daß das einen Hund noch mehr aufregen könnte und erst richtig anheizt, besonders, wenn Sie sich auch dabei aufregen. Weiter wird dadurch das Problem »in Kontakt treten« nicht gelöst. Ihr Hund lernt nur, an der Leine anständig vorbeizugehen, und sich nicht mehr so aufzuregen, wenn ein Hund sich nähert.

Ein anderer Weg ist, ihn an der locker durchhängenden Leine zu friedlichen Hunden zu lassen. Sie selbst sollten dabei ganz ruhig bleiben, den Hund nicht ansprechen und auch nicht innerlich eine Rauferei erwarten. Geht Timmy nun los, geben Sie ihm einen strengen Ruck und rufen »Schluß«. Ist er brav, gehen Sie weiter und loben ihn erst dann. Wenn Sie sicher sind, daß er diesen Hund in Frieden läßt, können Sie Timmy auch von der Leine lassen. Das ist aber nur für Hunde geeignet, die sich noch nicht zum wirklichen Raufer entwickelt haben.

Es ist besonders für einen Raufer wichtig, daß er trotz seiner Aggressionen Kontakt zu Artgenossen erfährt. Manche Hundeplätze bieten Spieltage für erwachsene Hunde an. Auf dem Hundeplatz kann das Problem auch gezielter gelöst werden.

Ganz ohne Raufereien wird fast kein Hundeleben vergehen. Anderen Hunden gegenüber dominante Vierbeiner werden in der Regel kämpfen, wenn ein anderer diese Stellung nicht akzeptiert. Hat ein Kampf gerade erst begonnen, kann bei einem erzogenen Hund ein sehr scharfes »Schluß jetzt« hilfreich sein und den Streit vielleicht beenden. Einige Hunde fühlen sich auf ihrem vertrauten Spazierweg stärker als in fremder Umgebung. Ein vorübergehender Ortswechsel kann hier eine Hilfe sein.

Bleibt Ihr Hund dennoch ein Kämpfer, müssen die Unterordnungsübungen trainiert, wiederholt und geübt werden, mit der notwendigen Strenge, aber das Lob darf nicht vergessen werden. Sie üben eine halbe Stunde oder noch länger, mit nur wenigen Pausen. Wenn die Unterordnung »sitzt«, suchen Sie sich einen freundlichen Hund zum Üben. An ihm gehen Sie mit Timmy so oft vorbei, bis er kein Interesse mehr an diesem Hund hat. Jedesmal, wenn er angreifen will, erhält er einen Ruck mit der Leine – bis er einfach keine Lust mehr hat, weiter zu knurren. Das übt man nun jeden Tag. Mit der Zeit wird sich Timmy vielleicht bessern und vielleicht ist es auch eines Tages wieder möglich, ihn zu anderen Hunden zu lassen. Meist aber wird er nur einige wenige Freundschaften schließen und Sie müssen weiter immer wachsam bleiben. Daneben üben Sie auch weiterhin die Unterordnung, nun aber nicht mehr als eine halbe Stunde, um den Gehorsam zu festigen. Jede positive Beziehung zu Artgenossen sollten Sie loben und Ihrem Hund dann genügend Zeit zum Spielen lassen!

Zusammenfassend ist also auch hier wieder zu sagen, daß ein Hund in der Regel nicht zum Raufen geboren, sondern dazu erzogen wird. Leider ist es eine Tatsache, daß viele Menschen erst dann etwas unternehmen, wenn ein Problem schon sehr vorangeschritten ist.

Es ist um vieles schwieriger, einen Raufer umzuerziehen, als es überhaupt nicht so weit kommen zu lassen. Bereits die Anfänge sind zu unterbinden.

Aggression kann aber auch dann entstehen, wenn der Hund zu wenig Auslauf und Beschäftigung hat. Wieder gilt es also, die Lebensumstände unseres Hundes zu überprüfen.

Aggression Menschen gegenüber

Aggression gegenüber Menschen und wie man dagegen angeht, ist ein Thema für sich. Es gibt kein Rezept, das sagt, nehmen Sie den vermurksten Hund, geben Sie diese und jene Zutaten hinzu, und heraus kommt ein friedliches Tier.
Da hierbei Menschen gefährdet werden, sollten Sie zum Hundeausbilder gehen. Nur er kann gezielt einen Weg, eine individuelle Methode finden. Allgemeine Ratschläge können die Situation eher verschlimmern. Die klassischen Unterordnungsübungen allerdings sind für solche Hunde sehr dringend zu empfehlen!

Dennoch sollten Sie bedenken, daß ein aggressiver Hund meist so erzogen wurde! Deshalb nenne ich hier vorbeugende Maßnahmen, die helfen können, keinen aggressiven Vierbeiner heranzuziehen.

- Man läßt seine Welpen positive Erfahrungen mit Männern, Frauen und Kindern machen.
- Wenn man selbst Angst hat oder auch Abneigungen gegenüber bestimmten Menschen, spürt das der Hund und er reagiert eventuell dementsprechend. Man sollte gegenüber anderen Menschen ein neutrales Verhalten zeigen.
- Der Hund muß mehr Beschäftigung haben als zum Beispiel das bloße Bewachen des Grundstücks. Ein Hund, der ständig an nur einem Ort mit wenig Kontakt zu Menschen lebt, ja, dessen einzige Aufgabe es ist, genau diese abzuwehren, kann unberechenbar werden! Ein guter Wachhund verteidigt sein Revier aufgrund der Geborgenheit und der Bereitschaft, sein »Reich« zu verteidigen. Er kläfft nicht jeden Menschen an, sondern nur jene, die das Grundstück betreten wollen. Außerhalb seines Reviers ist er ein ganz gewöhnlicher Hund. Ein Hund, der neurotisch bellt, ist kein Wachhund!
- Man gibt dem Hund eine gründliche Erziehung.
- Bei einem aggressiven Hund sollte man keine gefährlichen Situationen herausfordern. Versuchen Sie bitte nicht, seinen Futternapf zu nehmen, zwingen Sie ihn nicht, sich hinzulegen und gehen Sie auch besser nicht mit ihm in eine volle S-Bahn. Ist aber Ihr Hund bereits aggressiv geworden, dann ist es sehr schwierig, Ihre höhere Position wieder zurückzuerobern.

Es ist also wichtig, früh zu reagieren und Alarmsignale ernst zu nehmen!

Noch einige Anmerkungen zu Tierheimhunden: Bevor Sie sich einen anschaffen, sollten Sie immer einen Probespaziergang machen, damit Sie wissen, wie der Hund auf bestimmte Situationen reagiert.

Fragen Sie den Pfleger, wie der Hund auf Anleinen, Reingehen in den Zwinger, Wegnehmen des Napfes reagiert.

Bitten Sie den Pfleger, mit dem Hund zu spielen und ihn zu bürsten. Geben Sie sich nicht nur mit Worten zufrieden.
Hunde, die sich aggressiv zeigen, sollten auf keinen Fall angeschafft werden, wenn Kinder im Haus sind!

Scheue und ängstliche Hunde

Sie gehen ins Tierheim, und vielleicht bietet sich Ihnen folgendes Bild: Ein kleiner Welpe hockt im letzten Winkel und stirbt fast vor Angst. Oder ein bereits erwachsener Hund reagiert genauso. Ob angeboren, schlechte Aufzucht, erworben durch schlechte Erfahrung – hier sitzt ein Hund, der Hilfe braucht. Vor diesen Hunden wird man meist gewarnt, sie »taugen« nichts, seien wesensschwach oder werden Angstbeißer.

Sollten Sie auf der Suche nach einem »ganzen Kerl« sein, oder aber vor Mitleid zerfließen, lassen Sie den Kleinen da, wo er ist. Er sucht nach Menschen, die seiner zarten Seele Halt geben, ihn nicht durch Druck zerbrechen, Menschen aber auch, die so viel eigene Kraft haben, daß sie in gewisser Weise hart bleiben und die Angst des Hundes nicht unterstützen. Wenn Sie meinen, ein solcher Mensch zu sein, schließen Sie erst einmal ruhig die Augen und stellen Sie sich vor: Der Kleine hat vor allem Angst. In Panik rennt er davon, uriniert oder reißt an der Leine. Will ihn jemand anfassen, beißt er vielleicht. Wohin Sie mit ihm auch gehen, er ist ein Häufchen Elend, zitternd und winselnd, manchmal hysterisch. Seine Ängste wird er vielleicht nie völlig verlieren, mit ihm wird fast nichts, kein Spaziergang, kein Biergartenbesuch, so selbstverständlich und harmonisch sein wie bei einem normal veranlagten Hund. Alleingelassen, schreit er fürchterlich in seiner Einsamkeit.

Und jetzt fragen Sie sich: Sind Sie bereit, seine Ängste zu akzeptieren? Und sind Sie bereit, sehr viel Zeit zu opfern, um dem Hund Selbstvertrauen und Freude zu geben? Sind Sie bereit, nie einen »ganzen Kerl« Ihr eigen zu nennen? Der Lohn der ganzen Mühe wird ein sensibler und überaus liebevoller Hund sein, dessen Freundschaft Sie nicht mehr missen möchten, der in sich selbst gewachsen ist und manche Ängste erfolgreich hinter sich zurückgelassen hat.

Ich teile ängstliche Hunde in zwei Typen ein. Der erste ist ein bereits scheuer Welpe. Dieser wird in der Regel immer ängstlich bleiben, da in der nicht nachzuholenden Prägephase zuviel versäumt wurde. Wenn ein Welpe die Welt erobert, sammelt er wichtige Erfahrungen. Kann er diese nicht machen, ist sozusagen eine Türe für immer verschlossen, und die Grundeinstellung des Hundes ist Angst vor allem Unbekannten. Das können andere Hunde, fremde Menschen, Straßenverkehr und alles mögliche sein. Wenn man den Welpen mit 12 Wochen übernimmt, ist diese Prägephase bereits abgeschlossen, die Türe ist zu. Ein zum Beispiel sieben Wochen alter Welpe tuckert durch die Gegend. Was er sieht, riecht, hört, nimmt er in sich auf. Er lernt Gutes und Schlechtes kennen und lernt, was in seine Welt gehört und was nicht. Sieht der Kleine in dieser Zeit aber nur einen einzigen Menschen, gehört dieser (Geruch, Aussehen, Stimme) zwar in seine Welt, Fremde aber sind ausgeschlossen. Sie sind Feinde, lösen Angst in ihm aus. Sieht er aber viele verschiedene Menschen in dieser Zeit und macht mit ihnen gute Erfahrungen, wird das in etwa »programmiert« zu: »Menschen sind ein Teil meiner guten Welt«. Natürlich ist die Entwicklung des Hundes mit 12 Wochen nicht abgeschlossen, und er wird noch sehr vieles lernen. Was bis dahin aber fremd war, wird ihm weitgehend fremd bleiben. Und der Mensch muß ihn lehren, damit fertigzuwerden.

Zum zweiten Typ gehören Hunde, die eine normale Welpenzeit durchlebten, dann aber durch falsche oder schlechte Behandlung ängstlich wurden. Gibt man ihnen Zeit und eine verständnisvolle Erziehung, lassen sie sich oft wieder vollständig »resozialisieren«. Das Problem ist hierbei jedoch, daß man bei einem bereits erwachsenen Hund, dessen Vergangenheit unbekannt ist, schwer beurteilen kann, warum er so ist. Deshalb ist auch hier wichtig, nicht zu viel zu erwarten.

Ein häufiger Fehler, den ich leider nur allzuoft beobachte, ist die Tendenz, dem ängstlichen Hund alles zu verzeihen. Kläfft er zum Beispiel Männer/Frauen mit Schirm an, dann ist der arme Kerl sicher furchtbar geschlagen worden – meinen die Besitzer. Statt etwas dagegen zu tun, nehmen sie Timmy schützend in den Arm und ihr Herz schmilzt vor lauter Mitleid. Menschlich gesehen

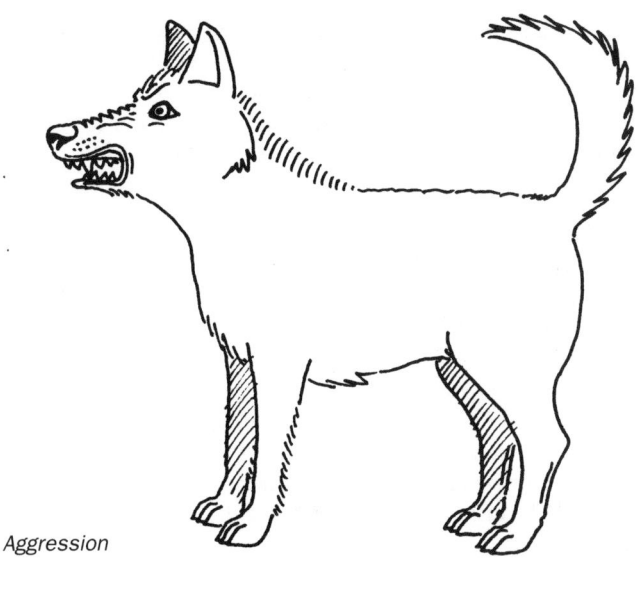

Aggression

Angst

In der Körperhaltung unterscheidet sich ein aggressiver Hund deutlich von einem ängstlichen.

mag das eine absolut korrekte und sinnvolle Geste sein, die aus-
sagen will: »Ich habe Dich lieb und schütze Dich«. »Hundlich«
betrachtet aber fühlt sich der Hund bestärkt in seiner Angst, beschützt hat er auch gar keinen Grund, sein Verhalten zu ändern.
Weil ihm aber keine Chance gegeben wird zu lernen, nimmt sein
hysterisches Verhalten immer mehr zu, und ein Kreislauf entsteht. Daraus ergibt sich der wichtigste Grundsatz im Umgang
mit scheuen oder ängstlichen Hunden:

> Was immer beim Hund Angst auslöst: Er muß die Mög-
> lichkeit haben, diese Angst zu durchleben und durch gute
> Erfahrungen abzulegen.

Dadurch kann er lernen, einstige Bedrohungen oder »Gefahren«
zwar nicht unbedingt zu lieben, aber doch auszuhalten.

Angstbeißer

Angst ist immer dann ein ernstes Problem, wenn sie in Aggression
umschlägt, wie das zum Beispiel bei sogenannten Angstbeißern
am deutlichsten zu sehen ist. Solch ein Hund wird, solange er die
Möglichkeit dazu hat, vor einer Bedrohung fliehen. Befindet man
sich mit ihm aber in einem geschlossenen Raum, wird sich das
Bild ändern: Timmy sieht sich und sein Leben bedroht. Er wird
die Haare sträuben, bellen, knurren, die Rute zwischen den Beinen eingeklemmt, die Pupillen weit geöffnet. Er befindet sich in
Todesangst, versucht alles, um sich zu retten. Gehen Sie nun
näher auf ihn zu, wird er beißen. Gehen Sie aber von ihm weg,
wird er attackieren, zuschnappen und sofort wieder flüchten.
Dieser Hund hat die Kontrolle über sich verloren. Man bekommt
selbst Angst, schreit vielleicht oder versucht, Timmy mit Dro-
hungen oder Schlägen von sich fern zu halten. Eine sehr normale
Reaktion, denn man will sich selbst ja nur schützen. Für Timmy
aber ist dies eine Bestätigung: Menschen sind Feinde. Und für
den Menschen ist in diesem Moment der Hund ein Feind.

Nehmen Sie also einen scheuen Welpen bei sich auf, ist es wichtig, solche Situationen von Anfang an gar nicht erst entstehen zu lassen. Kommt ein erwachsener Angstbeißer zu Ihnen ins Haus, brauchen Sie sehr viel Ruhe und Geduld und dürfen selbst keine Angst haben.

Wie aber wird ein Hund zum Angstbeißer? Zum einen dann, wenn er oft verprügelt wird. Diese Hunde findet man dann des öfteren in Tierheimen. Ihre Vermittlung ist deshalb schwierig, da nicht jeder Mensch mit ihnen umgehen kann, und viele Menschen Angst vor solchen Hunden haben. Bereits die erhobene Hand kann Panik bei diesen Tieren auslösen. Ein Geruch, ein wehender Mantel kann Erinnerungen wachrufen.

Dann gibt es aber auch die überbehüteten Hunde, die immer beschützt wurden und so keine Möglichkeit erhielten, sich mit anderen Hunden oder Menschen auseinanderzusetzen. Sie sind auf ihre Besitzer fixiert, nicht aber, weil sie besonders treu sind, sondern weil sie keine anderen Kontaktmöglichkeiten hatten. Angstbeißer gehören häufig auch ängstlichen Menschen, die es nicht schaffen, dem Hund die notwendige Freiheit und Eigenständigkeit zu geben. Ihre Angst aber überträgt sich auch auf den Hund.

Das beeindruckendste Beispiel habe ich bei einem Mischling erlebt. Er war ein ganz »normaler« Welpe, neugierig, verspielt. Zu kleinen Hunden ließ man ihn hin (sie konnten ihn ja nicht auffressen), bei großen aber nahm man ihn voller Panik an die Leine und zog ihn fort. Der Hund hat nie gelernt, mit Artgenossen verschiedener Größen zurechtzukommen. Weiterhin haben ihm seine Besitzer mit ihrem Verhalten beigebracht, vor großen Hunden ebenso wie sie Angst zu haben. Das Ende der Geschichte: Wann immer er einen großen Hund sieht, rennt er Hals über Kopf mit eingezogener Rute auf und davon. Ist es für eine Flucht zu spät, beißt er in wilder Panik um sich. Trifft er aber auf schwächere Hunde, ist er ihnen gegenüber sehr dominant und aggressiv. Das Verhalten des Menschen also bestimmt auch das des Hundes, ob im Positiven oder Negativen. Und genau das kann man sich zum Vorteil machen.

Denn: Ein Angstbeißer läßt sich neu erziehen. Das Allerwichtigste dabei sind Sie selbst! Sie selbst sollten lernen, Ihre Angst zu kontrollieren und ruhig zu werden. Sie beginnen mit der Grunderziehung und vergessen hierbei niemals das Loben. Bereits das gibt dem Hund ein wenig Sicherheit. In kleinen Schritten dann bewegen Sie sich vorwärts. Es ist günstig, ein Tagebuch zu führen, in dem Sie angsteinflößende Situationen notieren. So kann darin dann zum Beispiel stehen: Angst vor Menschenansammlungen, großen Hunden, Radfahrern, Menschen mit Schirm etc. Weiter notieren Sie, wie sich Ihr Hund verhalten hat. Also: Bei großen Hunden hat er panisch geschnappt/rannte davon, Menschen mit Schirm hat er attackiert, bei Radfahrern hat er mit eingezogener Rute gebellt etc.

Wieder ist es wichtig, daß Sie ihn in diesen Situationen weder schimpfen noch zu trösten versuchen. Ersteres verunsichert ihn nur noch mehr, zweites kann ihn in seinem Verhalten bestätigen. (Vgl. hierzu »Belohnung der Angst oder Hilfe aus ihr heraus«, S. 161) Sie müssen selbst innerlich ruhig bleiben. Sie lassen zum Beispiel Menschen in größerem Abstand an sich vorbeigehen, bleiben selbst ruhig stehen. Hat sich dann der Hund wieder beruhigt, streicheln Sie ihn. Langsam und Schritt für Schritt gewöhnen Sie ihn behutsam an angsteinflößende Situationen. Das Ziel ist, daß er im Laufe der Zeit seine eigene Mitte findet. Sie müssen immer die Nerven bewahren, keine Situation darf so außer Kontrolle geraten, daß Sie selbst zu schreien beginnen oder versuchen, den Hund hektisch einzufangen. Sie sollten lernen, vorauszuschauen! Weiter nehmen Sie den Hund öfter an die 10-m-Leine, so können konfuse Situationen erst gar nicht entstehen. Das wichtigste, das Sie brauchen, ist endlose Geduld. Im Zweifelsfall, wenn Sie nicht wissen, wie Sie sich in gewissen Fällen verhalten sollen, können Sie einen Hundeausbilder zu Rate ziehen.

Scheue oder ängstliche Tierheimhunde

Wenn Sie sich einen Angstbeißer oder scheuen Hund aus dem Tierheim holen, gibt es einiges zu beachten. Sie wissen nicht, welche Situation eine Angstattacke auslöst. Deshalb sollten Sie am Anfang ruhig sprechen und sich sehr ruhig bewegen. Geben Sie dem Hund Zeit, auf Sie zuzukommen. Sie sprechen viel mit ihm, wenn er sich zu Ihnen wagt, streicheln Sie ihn bitte vorerst nicht. Er muß Sie erst kennenlernen, und jede Berührung könnte das kleine Vertrauen zerstören. Im Freien darf er nicht zu früh von der Leine gelassen werden. Solange der Hund Ihnen nicht traut, beginnen Sie keine Übungen. Es würde ihn unnötig stressen und wenig Erfolg haben. Sie füttern den Hund mit der Hand. Niemals sollten Sie ihn von oben anfassen. Statt dessen sollten Sie ihn erst an der Hand riechen lassen und ihn dann zart am Kinn kraulen. Er braucht einen ruhigen Schlafplatz, an dem er sich sicher und ungestört fühlen kann. Sie sollten aber nie zu ihm unter den Tisch kriechen oder auf ihn zu gehen, wenn er in der Ecke sitzt. Denn kann er nicht fliehen, wird er vermutlich beißen. Sie müssen Geduld haben. Irgendwann kommt der Tag, an dem das Eis gebrochen ist. Dann setzt Timmy sich zu Ihnen und läßt sich kraulen, als ob es schon immer so gewesen ist. Bei meinem eigenen Hund aus dem Tierheim mußte ich darauf drei Monate warten. Heute erinnert nichts mehr an diese Zeit. Angstbeißer sind heilbar, wenn Sie ihnen ihre Angst nehmen und Vertrauen geben!

Erziehung des ängstlichen und scheuen Hundes

Der scheue Hund braucht erst einmal die selbe Grundausstattung wie jeder andere Hund, daneben allerdings eine 10-m-Leine, die sämtliche Angstattacken oder Fluchtversuche verhindert.

> Zu Beginn führen Sie den Hund immer auf demselben Weg spazieren, damit ihm dieser vertraut wird.

Das fördert seine Sicherheit und überfordert ihn nicht mit ständig wechselnden Eindrücken. Versuchen Sie hier wie auch in der Wohnung, sein Vertrauen zu Ihnen zu gewinnen, indem Sie eventuell mit ihm spielen oder ihn zart kraulen und aus der Hand füttern. Jeder Hund giert nach sozialen Kontakten, Sie müssen sie ihm geben! Wenn er Ihnen traut, ist schon der erste Schritt getan. Nun läßt er sich von Ihnen seelisch unterstützen. Finden Sie heraus, was ihm Freude macht, also positive Gefühle verschafft. Das ist wichtig für den Ausgleich.

Weil ein Hund vor sehr viel verschiedenen Dingen Angst haben kann, zum Beispiel vor Autos, Menschen, Hunden, Hubschraubern, Radfahrern und unendlich vielem mehr, gebe ich hier allgemeine Hinweise. Wichtig ist, zu bedenken, inwieweit es notwendig ist, bestimmte Ängste abzubauen. Daß sich Timmy von jedem streicheln läßt, sollte nicht das zu ehrgeizige Ziel sein. Wichtiger ist, daß er lernt, Menschen soweit zu tolerieren und zu ertragen, daß er weder panisch das Weite sucht, noch irgendjemanden beißt. Er lernt sozusagen, Kompromisse einzugehen.

Für all dieses Lernen sind verständnisvolle Freunde eine große Hilfe. Mit ihnen lassen sich nämlich bestimmte Situationen gezielt einüben. Auch wenn Timmy fast dabei stirbt, es ist ein Muß, ihn mit Fremden zu konfrontieren. Bitten Sie also einen netten Freund oder eine Freundin zu sich nach Hause. Diese beachtet den Hund, der wahrscheinlich in eine Ecke gequetscht sein Leid durchlebt, vorerst nicht. Nach einer Weile aber nähert sie sich dem Hund ein wenig, redet leise mit ihm, ohne ihn anzusehen. Vielleicht ist sogar ein zartes Kraulen am Kinn möglich, oder der Kleine frißt dem Gast aus der Hand. Spielt er gerne, ist er vielleicht damit ein wenig aus der Reserve zu locken. Bei all dem wird der Hund nicht festgehalten, nicht angeschrien oder mit Gewalt in den Arm genommen. Es wird auch beobachtet, inwieweit er die Nähe eines Fremden toleriert. Timmy sollte nicht so bedrängt werden, daß er denkt, die Zähne fletschen zu müssen oder gar zu beißen. Lassen Sie ihm die Zeit, die er braucht. Er soll nur die Erfahrung machen, daß ihm nichts geschieht. Wann immer Sie nette Menschen treffen, bitten Sie sie darum, Ihren Hund anzusprechen und ein Bällchen zu werfen oder Futter zu geben. Futter von Fremden anzunehmen, ist zwar nicht gerade ein wünschenswertes Ziel, aber immer noch die wirksamste Bestechung. So behandelt, kann der Hund vielleicht sogar manche Menschen noch in sein Herz schließen. Er darf nicht, weil er Angst hat, isoliert werden!

Geben Sie dem Hund die Chance, soviel positive Erlebnisse wie nur möglich zu erleben. Jeder Erfolg, und sei er in unseren Augen auch noch so klein, ist für den ängstlichen Hund ein riesiger Schritt. Jedes Anzeichen von Neugierde oder Spiel sollte unterstützt werden.

Denn Angst hemmt diese beiden Verhaltensweisen. Wenn Timmy sich also neugierig jemand nähert, überwindet er in diesem Moment seine Angst!

Lassen Sie ihn zu freundlichen Hunden, wann immer es geht. Zeigt er Angst, helfen Sie ihm, sie zu überwinden. Zeigen Sie ihm den anderen Hund, streicheln Sie diesen. Loben Sie Ihren Hund für angstfreies Verhalten, schimpfen Sie aber niemals. Zeigen Sie ihm die Welt, er muß vieles entdecken. Mit Hilfe der langen Leine lernt er, an Menschen im Sicherheitsabstand vorbeizugehen und nicht zu fliehen. Was immer ihn in Panik versetzt, »zwingen« Sie ihn mehr oder weniger, sich das anzuschauen, und sei es nur aus der Entfernung. Er soll keine Möglichkeit erhalten, sich zu entziehen, und somit seinem Problem aus dem Weg zu gehen. Zeigt er Angst, können Sie zwar beruhigend auf ihn einreden oder ruhig stehenbleiben; sie sollten ihn aber nicht »trösten«.

Weiter versuchen Sie, viele verschiedene Dinge mit ihm zu üben: Klettern über gefällte Bäume, Autofahren, »Sitz« und »Hier«, Ball spielen etc. Je mehr Sie sich mit ihm beschäftigen, je mehr Sie mit ihm lernen und ihn Erfolge erleben lassen, um so mehr wird sein Selbstvertrauen wachsen. Setzen Sie sich auf eine Parkbank und lassen den Hund das Umfeld beobachten. Aber natürlich braucht er auch ruhige Stunden, stille Momente, unbeschwertes

Spielen, um nicht von einer Angst in die andere zu fallen. Hierbei tankt er Reserven, macht positive Erfahrungen und kann innere Ruhe finden. Deshalb sollte man auch immer nur so viel üben, wie der Hund »verdauen« kann. Werden seine Ängste größer, ist das ein sicheres Zeichen dafür, daß Sie irgendwelche Fehler machen: Sei es, daß Sie ihn überfordern oder doch zu sehr »trösten«. Es ist die Kunst, seine Angst zu ignorieren, ohne ihn allein zu lassen.

Wieder sollte man auf Hundeart denken: Einem Menschen kann man Dinge, vor denen er sich fürchtet, zeigen und erklären. Er versteht und kann durch die Vernunft Ängste abbauen. Beim Hund geht das nicht. Man muß ihn also immer wieder mehr oder weniger mit seinen Problemen konfrontieren. Will er flüchten oder beißen, ignorieren Sie es. An stillstehende Gegenstände wird Ihr Hund im Laufe der Zeit ganz herangehen, bei Menschen aber wird es wohl immer eine Grenze geben. Man sollte den Hund nicht zwingen, diese zu überschreiten. Denn nach einiger Zeit geht er vielleicht von sich aus auf einige Menschen zu, die er kennt.

Der scheue Hund braucht eine ruhige, aber nicht eintönige Umwelt. Die Wohnung wird zu einem Platz, an dem er sich geborgen und sicher fühlt. Aber auch er will spielen, toben und rennen, wie jeder andere Hund auch, nur braucht er mehr Zeit dazu.

> Der scheue Hund braucht keine »Übermutter«, die ihn verzärtelt und ewig beschützt. Er möchte einen Begleiter auf seinen Wegen, der ihm den Freiraum gibt, eigene Erfahrungen zu sammeln, ein eigenes Selbstvertrauen zu entwickeln.

Wenn Timmy das nächste Mal in Panik ausbricht, weil ein Jogger auf ihn zuläuft, ein Auto an ihm vorbeifährt oder ihn das Summen des Kühlschrankes erschrickt – bleiben Sie gelassen. Legen Sie eventuell ihren Arm um ihn, und schimpfen Sie nicht. Gehen Sie einfach weiter, oder bleiben Sie ruhig stehen. Nur so kann Edi lernen, daß es Dinge gibt, die in seine Welt gehören, auch wenn sie ihm fremd sind. Geben Sie ihm die Möglichkeit, seine Angst zu durchleben und fordern Sie ihn auf, das Neue zu entdecken. Er wird zwar nicht so mutig werden wie Lisa von nebenan, aber er wird auch nicht der ewige Verlierer sein, der in der eigenen Angst ertrinkt. Auch er wird viele glückliche Stunden verbringen, wird ausgelassen über Wiesen toben, mit anderen Hunden spielen, Bällen nachjagen und Übungen lernen. Sie müssen es zulassen.

Ein scheuer erwachsener Hund, ist in seiner Grundhaltung allem Neuen gegenüber mißtrauisch. Sein gesamtes Verhalten erinnert an das eines ungezähmten Tieres: immer angespannt, jederzeit zur Flucht bereit. Inwiefern sich solche Hunde noch an Menschen binden können, ist fraglich und sollte nicht zu positiv beantwortet werden. Das tiefe Vertrauen, das ein durch Menschen geprägter Welpe entgegenbringt, wird ein scheuer Hund vermutlich nie zeigen. Oft bleiben sie Ein-Mann- bzw. Ein-Frau-Hunde. Sie brauchen viel Geduld, viel Zuwendung und viel Erfahrung. Jeder Fehler kann das gewonnene Vertrauen wieder zerstören.

Belohnung der Angst oder Hilfe aus ihr heraus?

Nun habe ich gesagt, daß man dem Hund die Möglichkeit geben muß, seine Angst zu durchleben und daß man ihn weiter nicht in seiner Angst unterstützen sollte, indem man ihn tröstet oder zu sehr anspricht. Im folgenden möchte ich auf etwas eingehen, was sich zwar mit Worten erklären läßt, aber dennoch etwas Wichtiges voraussetzt: ein wirkliches Gespür für den Hund.

Für keinen anderen Hundecharakter ist dieses Gespür, die eigene Sensibilität so wichtig wie bei einem scheuen Hund oder Angstbeißer – und für keinen kann man so wenig »Rezepte« geben. Man muß wissen, wie die eigene Reaktion auf den Hund wirkt. Nur so kann man ihm wirklich helfen. Schon von daher sind solche Tiere nichts für »Hunde-Anfänger«. Gewarnt sollen nochmals jene Menschen sein, die aus Mitleid so einem Hund ein Zuhause geben möchten. Mitleid nützt diesen Hunden überhaupt nichts. Angst ist nicht etwas, das man bedauern muß.

Ich möchte Ihnen hier die Geschichte meines eigenen Hundes erzählen, auch als Beweis, daß ein scheuer Hund durchaus glücklich mit Menschen zusammenleben kann.

Seine Eltern waren auch scheu, und er war der Kleinste im Wurf. Er kämpfte bereits um die Zitze an der Mutterhündin, konnte sich gegen die größeren Geschwister nicht durchsetzen. Wenn die anderen miteinander spielten, saß er in einer Ecke, kamen sie auf ihn zu, schrie er oft in seiner Panik und biß um sich. Genauso reagierte er anfangs, wenn ihn Menschen hochheben wollten.

Als er bei mir einzog, war er in der ihm fremden Umgebung voller Panik, wenn Menschen oder Hunde kamen. Da ich ihn dennoch frei laufen ließ, flüchtete er mit eingeklemmter Rute und viel Geschrei ins nächste Gebüsch, kauerte sich dort zusammen und wartete auf seine Rettung. So konnte dies natürlich nicht weitergehen. Wir blieben beim Freilauf, sah ich aber Menschen oder Hunde kommen, kam er an die lange Leine. Flucht war dadurch unmöglich. Dann setzte ich mich zu ihm ins Gras, redete mit ihm und kraulte ihn. Da sich Menschen von Welpen magisch angezogen fühlen, war es unumgänglich, daß ich angesprochen wurde. Ich ließ sie nicht meinen Hund streicheln, doch ihre alleinige Nähe, mein unbefangenes Gespräch mit ihnen, nahm auch meinem Hund im Laufe der Zeit seine Panik. Er lernte, eine gewisse Nähe von Menschen zu ertragen und lernte weiter, nicht mehr hysterisch davonzurennen, sondern eben nur noch in größerem Abstand an Menschen vorbeizugehen. Ich saß in dieser Zeit sehr oft mit ihm in Parkanlagen, mit vielen Menschen.

Weiter achtete ich darauf, daß er mindestens eine Mahlzeit täglich von anderen erhielt und nicht von mir. Ich bat Fremde, ihm einen Ball zu zeigen, und diesen Ball zu ihm zu rollen. Mein Hund spielt gerne und so manches Mal lief er dem Ball dann auch nach. So nahm er über diesen Gegenstand, der ja für ihn positiv war, den Geruch anderer Menschen auf.

Ich ließ ihn zu allen Hunden, und wenn er mit Panik reagierte, bat ich die Besitzer, solange mit ihrem Hund dazubleiben, bis sich mein Hund beruhigt hatte. Dadurch nämlich verhinderte ich, daß er mit seiner Angst »Erfolg« hatte. Weiter siegte nach einer Zeit seine Neugierde, er machte die Erfahrung, daß ihm Hunde nichts tun, und sie wurden somit immer weniger Anlaß zu Ängsten. Heute fühlt er sich anderen Hunden gegenüber dominant.

Mit Menschen hatte er weiter seine Probleme. Es folgte eine schwierige Zeit, in der er zwar nicht mehr flüchtete, statt dessen aber Menschen mit gesträubten Haaren und eingezogener Rute verbellte. Der Weg zum Angstbeißer ist nicht mehr weit, wenn man nicht sofort dagegen etwas unternimmt! Wieder also kam mein Hund, inzwischen etwa ein Jahr alt, an die lange Leine. Wenn Menschen kamen, redete ich mit ihm, ließ ihn neben mir gehen und legte meine Hand auf seine Schulter. Dank seiner Größe war dies recht einfach. So gingen wir in größerem Abstand an den Menschen vorbei. Da er sich dadurch sicher genug fühlte, begann er nicht zu bellen. Waren wir an den Menschen vorbei, lobte ich ihn und ließ ihn wieder laufen.

Wichtig ist, hier den Unterschied zu verstehen, ob man seinen Hund durch Reden und Streicheln in seiner Angst unterstützt oder ihm aber hilft, mutiger in eine Angst hineinzugehen und sie dadurch zu überwinden. Noch ein Trick half mir, Menschen positiver zu »machen«. Sah ich Menschen, rief ich meinen Hund zu mir her und zeigte ihm ein Leckerchen, dabei nahm ich ihn an die Leine. Solange der Fremde an mir vorbeiging, lenkte ich den Hund mit dem Futter ab. Er kam also nicht dazu, sich in seine Angst hineinzusteigern. War die Gefahr vorbei, bekam er das Fressen. Weiterhin bat ich auch Freunde von mir, meinen Hund mit der Hand zu füttern. Heute ist mein Hund in der Lage, neben mir sitzen zu bleiben, selbst wenn Menschen nur einen Meter an ihm vorbeigehen. Ich spreche mit ihm, kraule ihn, helfe ihm also, weniger Angst zu haben. Ich gebe ihm nicht die Möglichkeit, ihr nachzugeben.

Ein anderes Problem ist Panik. Der Hund reißt also wie verrückt an der Leine, er erinnert in diesem Moment sehr an ein scheuendes Pferd. Auch in dieser Panik kann Ihre Nähe, Ihre berührende Hand, Ihre Stimme, eine Hilfe sein, sich wieder zu beruhigen.

Man unterstützt seinen Hund in seiner Angst also dann, wenn man ihn »tröstet« oder streichelt, ohne ihn dabei zur »Gefahr« hinzuführen. Man unterstützt ihn, diese Angst zu überwinden, wenn man ihn begleitet auf dem Weg durch die Gefahr. Der Hund spürt, wenn sein Verhalten durch Sie verstärkt wird, aber eben auch, wenn Ihre Hand, die Leine, Ihre Worte ihm Sicherheit geben. Und genau dieses Gespür sollten Sie auch entwickeln.

Mein Hund hat nicht alle Ängste vollkommen verloren. Laute Menschen und Situationen, in denen er mit Fremden in geschlossenen Räumen ist, machen ihm immer noch Angst. Aber er hat mit einigen Bekannten von mir zarte Freundschaft geschlossen, läßt sich von ihnen sogar streicheln und spielt mit ihnen. Er hat bei mir niemals einen Menschen gebissen, und wenn wir an einem Sonntagnachmittag in einen Park voller Menschen und Hunde gehen, lebt er nicht nur in Angst. Er spielt mit anderen Hunden, wälzt sich ausgelassen im Gras und rennt riesige Kreise voller Übermut und Lebensfreude. Er hat seine Panik überwunden. Anderen Hunden gegenüber zeigt er sich selbstbewußt, er lernt gerne neue Sachen, kann »Sitz«, »Platz«, »Fuß«, »Hier«, Bellen auf Kommando und noch einiges mehr. Er ist ein Gegenbeweis zu den Behauptungen, die über scheue Welpen aufgestellt werden.

Ich hoffe, ich habe hier das erreicht, was meine Absicht war: Scheue Hunde nicht mehr zu verurteilen, ihr Verhalten nicht als Wesensschwäche zu bezeichnen. Es sind Hunde mit viel Sensibilität, aber auch sie sind voller Leben und Energie. Sie haben nicht das abwertende Urteil verdient, das ihnen Menschen geben, die immer nur den Idealhund ansprechen.

Ich habe viele bereits erwachsene scheue Hunde und Angstbeißer kennengelernt und habe bei den meisten die Freude gehabt, miterleben zu dürfen, wie sie im Laufe der Zeit allmählich Vertrauen lernten. Nur sehr wenige sind in ihrer absoluten Angst geblieben, nur wenige waren nicht mehr in der Lage, sich an Menschen zu gewöhnen. Sie sind wild und scheu geblieben. Die wenigsten davon wurden »wesensfest«. Doch müssen Hunde das denn wirklich immer sein?

Ängste in bestimmten Situationen

Nun sind Angstbeißer und scheue Hunde Extremtypen, während Hunde, die nur vor gewissen Dingen Angst haben, sich sonst aber normal verhalten, gar nicht so selten sind. Negative Erlebnisse, aber auch wieder unser eigener Einfluß sind dafür Gründe.

Wird ein Hund von einem Auto angefahren, wird er zukünftig wohl alle Autos meiden. Wird ein Hund mit dem Stock geschlagen, so wird für ihn jeder erhobene Stock oder Schirm eine Bedrohung darstellen.

Wieder sollte man zunächst sich selbst beobachten: Wird man nicht unruhig, bevor zum Jahreswechsel die Knallerei erfolgt, erwartet man nicht zum Teil bereits die Angst des Hundes? »Warnt« man ihn nicht, wenn ein Auto naht? »Tröstet« man ihn in seiner Angst, will man ihn beschützen? All das ist zu vermeiden. Ob nun ein Auto naht, Gewitter aufzieht, ob es knallt, hupt und lärmt – für den Menschen ist das das normalste der Welt und dementsprechend sollte er sich verhalten. Zeigt der Hund Angst, sollte er nicht »getröstet« werden. Gehen Sie ganz friedlich die Straße entlang, bleiben Sie manchmal ruhig stehen, gehen Sie weiter und legen beruhigend Ihre Hand auf den Hund, reden ein wenig und zeigen Timmy somit, daß Sie bei ihm sind. Dabei aber sagen Sie bitte nicht: »Du armer Hund, mein gutes Putzi«, dies wäre Trost. Sprechen Sie ganz gewöhnlich und ruhig. Mit der Zeit wird sich diese innere Ruhe auf den Hund übertragen. Und er merkt auch, daß er sicher ist bei Ihnen. Neigt er allgemein zur panischen Flucht, muß er an die Leine.

Der Spezialfall Silvester ist ein Thema für sich. Das plötzliche Geballer, der bunte Himmel sind für die meisten Hunde etwas Erschreckendes. Ihre Reaktion, wenn sie dies zum ersten Mal erleben, wird Angst sein. Sie sollten Ihren Hund nicht mit ins »Getümmel« nehmen, sondern alle Fenster schließen und selbst nicht fasziniert hinausschauen. Das bedeutet für den Hund, daß sich da etwas Besonderes tut. Vielmehr verhalten Sie sich wie immer, kraulen dabei ruhig Ihren Hund, dann wird sich das Problem meist von selbst lösen. Zur Silvesterzeit sollten alle unsiche-

ren Hunde an die Leine. Zu viele entlaufen in dieser Zeit. Für
ganz schlimme Fälle kann man sich ein Beruhigungsmittel vom
Tierarzt geben lassen.

Ängste auf Grund schlechter Erfahrung sind zum Teil nicht mehr
zu beheben. Das hängt davon ab, wie alt der Hund bereits war
und wie groß der Schreck. Sie können nur versuchen, ihn weitgehend an die Schreck-Ursache zu gewöhnen. Wenn das nicht
gelingt, müssen Sie diese Angst auch akzeptieren können. Ein
Hund, der von einem Auto angefahren wurde, wird seine Angst
eher verlieren, da er ja meist täglich mit Autos konfrontiert wird
und ihm hoffentlich nichts mehr geschieht. Ein Hund aber, dem
ein Knallfrosch vor die Füße geworfen wurde, ist schwieriger: Erstens kommt solch ein Knall spontan, ohne Ankündigung, zweitens lange nicht so häufig. Sie können versuchen, dem Hund
diese Geräusche mit einem Tonband vorzuspielen. Dabei wählen
Sie eine Lautstärke, die er ertragen kann, bei der er noch keine
Unruhe zeigt. Immer, wenn Sie den Hund füttern, spielen Sie das
Band ab. In langsamen Schritten stellen Sie es mit der Zeit immer
lauter. Vielleicht verbindet dann der Hund das Negative (Knall)
mit dem Positiven (Fressen). Manche Hunde reagieren aber gar
nicht auf das Tonband, egal wie laut Sie es abspielen. Dann können Sie es mit Luftballon-Platzen versuchen. Wieder stellen Sie
dem Hund Fressen hin und stechen in den voll aufgeblasenen
Luftballon, natürlich nicht direkt neben dem Hund! Vermutlich
hört jetzt der Hund erst einmal auf zu fressen. Sie reagieren nicht
darauf, sondern beschäftigen sich mit etwas ganz anderem. Es ist
wichtig, nicht bei jedem Fressen zu knallen. Sonst traut sich der
Hund vielleicht irgendwann einmal nicht mehr an seinen Napf.
Dieses Training machen Sie nur etwa zweimal die Woche. Reagiert Ihr Hund extrem verschreckt, sollten Sie es sein lassen.
Denn dann könnten Sie genau das Gegenteil erreichen: Seine
Angst wird immer größer.

Geduld, Zeit und eigene innere Ruhe sind notwendig, wenn man
einen ängstlichen Hund oder einen Angstbeißer zu Hause hat.
Hoffnungslose Fälle sind die wenigsten. Um Ängste zu vermeiden,
gewöhnen Sie bereits den jungen Hund an verschiedene Situationen, an Menschen und an Hunde. Vorbeugen ist besser als Heilen!

Noch einmal weise ich darauf hin, daß es nicht für jedes Problem ein Allheilmittel gibt. Sollte Ihr Hund seine Ängste nicht verlieren, dann müssen Sie dies akzeptieren.

Angst vor Gewitter

Die Schutzsuche bei Gewitter kann man im Grunde als natürlich betrachten, und sie ist an sich kein Problem. Schwierig wird es erst dann, wenn sich Timmy sehr in seine Angst hineinsteigert und bereits beim kleinsten Donner oder Knall davonläuft. Ein Hund, der sich vor diesen Geräuschen fürchtet, nimmt ein sehr typisches Verhalten an. Er klemmt die Rute ein, läuft meist in einem flotten Trab geradeaus, hechelt dabei stark und reagiert auf kein Rufen mehr. Das ist keine mangelnde Erziehung, denn auch der folgsamste Hund wird sich in Panik so oder so ähnlich verhalten.

Es ist sehr schwierig, diese Angst zu besiegen. Ich gebe hier einige Tips, vielleicht helfen sie bei dem einen oder anderen Hund.

Wieder füttern Sie Ihren Hund bei Gewitter und reagieren selbst nicht auf Blitz und Donner. Das ist leichter gesagt als getan, denn auch Menschen ist ein Unwetter manchmal ziemlich unheimlich. Daneben üben Sie in der Wohnung auch gezielt »Sitz«, »Hier« usw. und lenken den Hund somit ab und können ihn dafür dann auch loben. Man kann auch versuchen, ihn mit Spielen abzulenken – was aber seltener funktionieren dürfte.

Im Freien nimmt man den Hund an eine lange Leine und übt besonders das »Hier«. Das Hauptziel dabei ist, Timmy auch dann noch rufen zu können, wenn der erste Donner zu hören war, damit man ihn schnell noch an die Leine nehmen kann. Man sollte ihn nicht frei laufen lassen, denn man ruft nervöser und hektischer, wenn man befürchtet, der Hund könne davonlaufen. Gerade aber die Strenge im Ton wirkt auf die Angst des Hundes verstärkend. Also nehmen Sie Timmy an die Leine, wenn ein Gewitter aufzieht und üben mit ihm die Grundübungen. Dabei ist wieder Futter als Belohnung sehr geeignet. Gestalten Sie die

Übungen recht flott und aktiv, damit Timmy gar nicht erst so viel Zeit erhält, sich auf den Donner zu konzentrieren.

Manche Hunde lassen sich auch positiv beeinflussen, wenn andere »mutige« Hunde dabei sind. Dann orientiert sich Timmy an diesen und hat selbst auch weniger Angst. Wenn Sie solche Hunde mit ihren Besitzern kennen, und Timmy so positiv reagiert, dann gehen Sie bei Gewitter zusammen spazieren. Es kann eine große Hilfe sein. Aber es gibt Grenzen. Manche Hunde sind sehr panisch, reißen an der Leine und reagieren auf gar nichts mehr. Sie sollte man nicht zwingen, bei Gewitter draußen zu sein. Die Schwierigkeit bei Ängsten dieser Art ist, daß der sich fürchtende Hund im Grunde keine positive Erfahrung machen kann. Man kann einem Hund zwar beibringen, durch eine »unheimliche« Röhre zu gehen, so daß er schrittweise seine Angst besiegen und dann für das »gute« Verhalten konkret belohnt werden kann. Bei Gewitter oder unvorhergesehenem Lärm geht das nicht. Es donnert und blitzt, manchmal vibrieren sogar die Wände unserer Wohnung. Der Hund fürchtet sich. Nun kann man den Hund, eben zum Beispiel mit Grundlektionen, ablenken. Es gibt aber für den Hund keine positive Erfahrung, da der Krach, das Unheimliche bleibt bzw. wiederkommt. Es gibt keine Möglichkeiten, diese »Bedrohung« anzuschauen, zu durchleben und zu lernen, daß nichts passiert. Es »passiert« eben doch etwas, nämlich, daß eine ziemlich düstere, laute und bedrohliche Stimmung herrscht.
Ein Hund braucht nicht erst vom Blitz getroffen worden zu sein, um davor zu flüchten. Natürlich ist Gewitterangst auch charakterbedingt. Bemerken Sie beim Welpen diese Angst, reagieren Sie also am besten gar nicht darauf. Auf keinen Fall dürfen Sie beginnen, ihn zu bemitleiden und zu »trösten«. So wird aus ihm sicher ein mehr oder weniger ängstlicher Vierbeiner werden. Hier ist es günstig, dem Welpen durch neutrales Verhalten zu vermitteln, was ein Gewitter ist: Das Natürlichste der Welt.

Angst vor anderen Hunden

Ein Welpe, der mit Geschwistern aufwächst, hat im Grunde keine Probleme mit Artgenossen. Er hat ja deren »Sprache« bereits gelernt. Eine gewisse Angst und Vorsicht bei fremden Hunden ist normal und lebenswichtig: Er weiß ja nicht, was auf ihn zukommt. Wenn Sie ihm von dem Augenblick an, in dem er zu Ihnen kommt, viele Sozialkontakte mit seinesgleichen ermöglichen, wird er auch später keine Probleme mit anderen Hunden haben. Sehr günstig sind auch Welpenspielgruppen oder andere Hundetreffen mit freundlichen Besitzern.

Erst im Kontakt mit Artgenossen lernt der Hund seine eigene »Sprache« anzuwenden und zu verstehen. Er lernt seine eigenen Kräfte kennen, übt seine Geschicklichkeit und viele Dinge mehr, die ihm Menschen nicht beibringen können.

Anders ist es, wenn der Welpe nicht die Möglichkeit erhält, sein Bedürfnis nach Kontakten oder Erfahrungen auszuleben, weil die Besitzer selbst Angst haben, dem Kleinen könnte etwas passieren. Sie geben ihm also gar keine Chance, Unsicherheit zu überwinden. Denn entweder wird der »arme« Knopf gleich getröstet, weil er sich ja so fürchtet, oder schlimmer noch, auf den Arm genommen und weggebracht. Bald hat man dann sein Erziehungsziel »erfolgreich« beendet: Der Hund hat Angst vor anderen Hunden, kommt nicht mehr mit ihnen aus, und man kann ihn wunderbar bemitleiden. Noch besser, wenn er bei jeder Gelegenheit zu Herrchen oder Frauchen flüchtet, wie sehr genießt er doch ihre tröstenden Worte und »beruhigenden« Hände! Das menschliche Bedürfnis, gebraucht zu werden, wird vollends befriedigt! Der Welpe ist leider zu schrecklicher Einsamkeit verdammt. Besser, Sie vergessen Ihre übertriebenen Beschützerinstinkte und ermöglichen ihm ein geselliges und munteres Hundeleben.

Hat Timmy also Angst vor seinesgleichen, gilt wieder die bereits geschilderte schrittweise Gewöhnung. Wichtige Grundvoraussetzung ist die eigene innere Sicherheit, Ruhe, Geduld und vor allem: kein Mitleid.

Die ersten Wochen üben Sie mit dem Hund verschiedene Dinge, für die Sie ihn loben können. Spielen Sie viel mit ihm und gehen vor allem immer den selben Weg. Dadurch wird ihm dieser vertraut, der Hund wird ruhiger und weniger unsicher, wenn er in heimischer Umgebung nun andere Hunde trifft. Günstig ist es, wenn Sie Lisa in dieser Zeit sehr viel an einer langen Leine spazierenführen. Sie soll nicht mehr die Gelegenheit erhalten, flüchten zu können. Weiter bitten Sie Bekannte mit eigenem Hund, Ihnen zu helfen. Am besten ist dafür das Gegengeschlecht geeignet, nennen wir den Hund Willy. Verabreden Sie einen Treffpunkt im Freien. Sie selbst sind an der verabredeten Stelle bereits einige Minuten früher. So ist nicht Lisa in der Rolle des Eindringlings und hat somit ein wenig »Heimvorteil«. Setzen Sie sich gemütlich hin und kraulen Lisa. Nun kommt Willy, der vorerst an der Leine gehalten wird. Der oder die Bekannte setzt sich neben Sie, ohne daß die Hunde miteinander in Kontakt treten können. Lisa wird versuchen, zu fliehen, doch die Leine hindert sie daran. Kraulen Sie sie ruhig und unterhalten sich mit Ihrem Freund. Dabei beobachten Sie Lisa. Jede positive Regung dem anderen Hund gegenüber, sei es ein kleines Schnüffeln, ein Blick, Neugierde, wird kräftig gelobt.

Wenn Lisas erste Panik verflogen ist, streicheln Sie Willy, sagen dabei: »Guter Willy«. Dann lassen Sie Lisa an Ihrer Hand, die nach Willy riecht, schnüffeln und streicheln dann auch sie. Fordern Sie sie auf, sich Willy selbst zu betrachten. Jede Regung in diese Richtung wird unterstützt.

Das üben Sie nun regelmäßig. Wenn Lisa dabei Hunde findet, die zum Beispiel kleiner sind als sie, oder die ihr sonst sympatisch sind, dann lassen Sie sie ausreichend spielen und loben sie dafür. Im Spiel mit anderen entwickelt sie ein wenig Selbstvertrauen und lernt auch ihre Stärken kennen.

Wenn Ihnen unbekannte Hunde begegnen, legen Sie beruhigend die Hand auf Lisa und fordern sie wieder auf, sich ihre Artgenossen anzusehen. Hat sie große Angst, gehen Sie in Hocke. Dadurch fühlt sie sich sicherer. Wieder wird jede positive Regung kräftig gelobt.

Also: Timmy naht. Lisa (sie ist an der Leine) bleibt unsicher stehen. Sie gehen weiter und fordern sie auf, eventuell auch mit Leckerchen, Ihnen zu folgen und bleiben nicht stehen. Wenn sie folgt, sagen Sie sofort: »Ja tüüüchtig, sooo ist's fein!« Wenn Timmy dann da ist, sollte Lisa neben Ihnen stehen. Timmy beschnüffelt sie, Lisa steht zitternd, mit eingeklemmter Rute da. Legen Sie ruhig Ihre Hand auf sie. Timmy geht weiter, Lisa dreht sich um und sieht ihm nach. Sofort loben Sie wieder und fordern sie auf, ihm nachzugehen. Die Besitzerin von Timmy bleibt nun stehen, und Timmy kommt auch wieder. Nach einer Weile, Sie haben sich unterhalten, wird sich Lisa entspannen. Wenn Sie merken, daß sich Lisa für Timmy nicht mehr sonderlich interessiert, verabschieden Sie sich. Dieser Zeitpunkt ist günstig, da dann Lisa nicht die Angst in Erinnerung behält. Noch einmal loben Sie Ihren Hund und danach spielen Sie mit ihr.

Ist Lisa selbstsicherer geworden, dann nehmen Sie sie an die lange Leine und lassen sie zu Hunden, vor denen sie weniger Angst hat, alleine hingehen, dabei aber unterstützen Sie sie wieder mit lobenden Worten. Wenn Lisa soweit ist, daß sie nicht mehr davonläuft, sondern stehenbleibt, dann zeigen Sie ihr noch häufiger andere Hunde. Mit der Zeit, wenn sie die Möglichkeit hat, mit Artgenossen zu spielen, auch einmal stärker als andere zu sein, wird sich ihre Angst legen. Dann können Sie auch andere Spazierwege wählen, auf denen Sie Lisa zunächst wieder helfend zur Seite stehen.

Sie wird sicherlich auch weiterhin auf einige Hunde mit Unsicherheit reagieren. Wenn Sie ihr aber die Möglichkeit geben, dennoch positive Kontakte zu haben, wird sich diese Angst mit der Zeit immer mehr geben. Sie brauchen Geduld und einige nette Hundefreunde. Sie sollten aber dennoch akzeptieren, daß Lisa wahrscheinlich nie wirklich mutig wird. Eine kleine Unsicherheit ist eigentlich auch nicht tragisch.

Der größte Fehler, den Sie machen können, ist, Lisa von Artgenossen zu isolieren. Sie muß die Möglichkeit haben zu lernen!

Schlußgedanken

Dieses Buch ist zur Erinnerung an jene Hunde geschrieben, deren Schicksal mich – aus welchen Gründen auch immer – besonders traf. Sie konnten sich nicht wehren. Diejenigen, die es taten, die aggressiv wurden und Menschen angriffen nach all dem Leid und Unverständnis, das sie ertragen mußten, wurden eingeschläfert. Das ist die Antwort, die wir Menschen diesen Hunden geben. Joe war einer von diesen Hunden. Er war gerade vier Jahre alt.

Geben wir unseren Hunden eine Chance, sich mit uns zurechtzufinden, geben wir ihnen die Möglichkeit, als diejenigen zu leben, die sie sind: als Hunde. Mit all ihrer Besonderheit, Lebendigkeit, Natürlichkeit.

Es liegt in unserer Hand, was wir aus unseren Hunden machen: Ob sich die Tierheime weiter füllen wie die Müllhalden einer Wegwerfgesellschaft – oder eben nicht.

Aktiver Tierschutz bedeutet, Verantwortung zu übernehmen für die Tiere in unserer Obhut.

Nützliche Adressen:

VDH
Verband für das deutsche Hundewesen e. V.
Westfalendamm 174
44141 Dortmund

Deutscher Tierschutzbund
Baumschulallee 15
53115 Bonn

Wichtige Hinweise:
Für Hunde sollte unbedingt eine Haftpflichtversicherung abgeschlossen werden, da sie trotz verantwortungsvoller Haltung und Erziehung Schäden oder Unfälle verursachen können.

Ein ausreichender Impfschutz gegen Tollwut, Staupe, Infektiöse Leberentzündung, Leptospirose und Parvovirose (5-fach-Impfung) ist für die Gesundheit notwendig. Über weitere Vorbeugemaßnahmen für Fahrten ins Ausland erkundigen Sie sich bitte bei Ihrem Tierarzt.

Register